I0041188

FACULTÉ DE DROIT DE TOULOUSE

DROIT ROMAIN

DE LEGE COMMISSORIA

DROIT FRANÇAIS

DE L'ACTION EN RÉSOLUTION

DE LA VENTE

POUR DÉFAUT DE PAIEMENT DU PRIX

THÈSE POUR LE DOCTORAT

Soutenue le 11 janvier 1869, à une heure de l'après-midi,

Par M. GAUBAN (Joinville), Avocat,

NÉ A LA RÉOLE (GIRONDE).

TOULOUSE

IMPRIMERIE DE RIVES ET FAGET

9, RUE TRIPIÈRE, 9

1869

FACULTÉ DE DROIT DE TOULOUSE.

DROIT ROMAIN.

DE LEGE COMMISSORIA.

THÈSE POUR LE DOCTORAT.

Par M. GAUBAN (Joinville), Avocat.

NÉ A LA RÉOLE (GIRONDE).

TOULOUSE

IMPRIMERIE DE RIVES ET FAGET

9, RUE TRIPIÈRE, 9

—

1869

FACULTÉ DE DROIT DE TOULOUSE.

MM. RODIÈRE ✻, profes. de Procédure civile, DOYEN INTÉRIMAIRE.

DELPECH ✻, DOYEN HONORAIRE, Professeur de Code Napoléon, en congé.

DUFOUR ✻, Professeur de Droit Commercial.

MOLINIER ✻, Professeur de Droit Criminel.

BRESSOLLES, professeur de Code Napoléon,

MASSOL ✻, professeur de Droit Romain.

GINOULHIAC, professeur de Droit Français, étudié dans ses origines féodales et coutumières.

HUC, professeur de Code Napoléon.

HUMBERT, professeur de Droit Romain.

ROZY, agrégé, chargé du cours d'Économie politique.

POUBELLE, agrégé, chargé d'un cours de Code Napoléon.

BONFILS, agrégé.

DELOUME, agrégé.

M. DARRENOUGUÉ, Officier de l'Instruction publique, Secrétaire, Agent comptable.

PRÉSIDENT, M. Molinier.

SUFFRAGANTS : MM. Rodière, Huc, Humbert, *professeurs.* Deloume, agrégé.

La Faculté n'entend approuver ni désapprouver les opinions particulières du candidat.

A MON PÈRE, A MA MÈRE

DROIT ROMAIN

De lege commissoriâ.

(Dig., liv., 18, t. 3.)

En Droit Romain, la vente a pour seul effet d'obliger les parties l'une envers l'autre. La tradition même de la chose vendue ne suffit pas pour en rendre l'acheteur proprié-taire : « Venditæ verò res et traditæ non aliter emptori « adquiruntur, quam si is venditori pretium solverit (1)...» La translation de la propriété ne sera opérée que par le paiement du prix. Jusque-là, le vendeur sera resté proprié-taire et l'acheteur n'aura reçu qu'une possession précaire

(1) *Inst.*, liv. 2, tit. 1, § 41, *de divisione rerum.*

que celui-là pourra faire cesser au moyen de la revendication. « Sed si is qui vendidit fidem emptoris secutus « est, dicendum est statim rem emptoris fieri (1).» Mais si le vendeur a suivi la foi de l'acheteur en lui accordant un terme, ou bien en acceptant un *expromissor*, un *fidéjusseur* ou un *gage, vel alio modo ei satisfecerit, veluti expromissore aut pignore dato,* la tradition suffira pour investir l'acheteur de la propriété de la chose : par suite, la revendication ne pourra plus être intentée ; et cependant s'il arrive que l'acheteur n'acquitte pas son obligation à l'échéance, que le fidéjusseur soit insolvable ou que le gage soit insuffisant, le vendeur n'aura plus qu'une action personnelle, l'*actio venditi*, pour se faire payer le prix. Cette action lui présentera-t-elle une garantie efficace contre l'insolvabilité de l'acheteur ? Non, puisqu'elle ne lui permettra d'invoquer aucune cause de préférence sur la chose vendue. Ainsi point de privilège, point de condition résolutoire tacite pour defaut de paiement du prix : « Si vero vineas distraxisti, nec pretium numera- « tum est, actio tibi pretii, non eorum quæ dedisti, repe- « titio competit (2). » La même idée est reproduite dans la loi 14, c. 4, 44, *de rescind. vend.* Et il est en effet facile de comprendre pourquoi le vendeur n'a pas le droit de faire résoudre le contrat. Il a aliéné la chose vendue, non point pour obliger l'acheteur à lui payer le prix, mais seulement pour accomplir l'obligation qu'il a contractée en vendant. Il ne peut pas dire comme le coéchangiste

(1) *Inst.*, liv. 2, tit. 1, § 41.
(2) L. 8, c. 4, 38, *de Contrah. empt.*

qui a exécuté, *dedi ut daretur* : il ne peut donc pas prétendre à une *condictio causa data, causa non secuta*,
puisqu'il a parfaitement atteint son but. Cependant il se
trouve exposé à tout perdre, et l'objet vendu, et le prix.
Il lui reste un moyen de conjurer les dangers de cette
situation ; c'est de faire insérer dans le contrat un pacte
appelé *lex commissoria*.

Il nous serait difficile de déterminer l'époque à laquelle
remonte l'origine de ce pacte. Cependant la protection
qu'a méritée le vendeur, vue l'importance pratique de la
vente, les garanties que l'on a multipliées pour assurer
la stabilité de ce contrat nous autorisent à croire que la
lex commissoria est contemporaine de l'*emptio-venditio*,
qu'elle est née avec les dangers que nous signalions tout à
l'heure.

L'étymologie du mot *commissoria* a donné lieu à plusieurs interprétations. D'après Cujas, l'acheteur qui contrevient au pacte, contrevient à la vente elle-même, *qui
in eam legem committit, in universam venditionem
committit*. Donneau et Voet y ont vu l'idée de l'option à
faire par le vendeur entre la résolution et l'exécution de
la vente. Pour nous, ce mot exprime l'effet produit par
un événement prévu qui se réalise *Lex committitur*
signifie le pacte est encouru, la vente est résolue.

CHAPITRE I.

CARACTÈRES GÉNÉRAUX DE LA *lex commissoria.*

La *lex commissoria* est un pacte joint à la vente au
profit du vendeur, par lequel les parties conviennent que
la vente sera résolue, si l'acheteur n'exécute pas son obligation, s'il ne paie pas le prix : « ut si intra certum tem-
« pus pretium solutum non sit, res inempta sit (1). »

Elle peut être jointe à la vente, contrat de bonne foi,
soit *in continenti*, soit *ex intervallo.*

Jointe *in continenti*, elle fait, pour ainsi dire, partie
intégrante de la vente et son exécution est assurée au
moyen de l'action *venditi*, comme s'il s'agissait du contrat lui-même (2).

Jointe *ex intervallo*, intervient-elle *rebus adhuc integris* ; elle a toute efficacité, puisqu'elle porte sur l'élément essentiel de la vente, le paiement du prix, *super
substantialia contractus* : elle est considérée comme
ayant renouvelé le contrat ; les parties sont censées avoir
révoqué la première vente et en avoir formé une nouvelle :
« Paulus notat si, omnibus integris manentibus, de au-

---

(1) L. 8, h. t.
(2) L. 7, § 8, D. 2, 14, *de Pactis.*

« gendo vel diminuendo pretio rursum convenit, reces-
« sum a priore contractu et nova emptio intercessisse
« videtur (1). »

Intervient-elle *rebus non integris*, par exemple après
la tradition de la chose, elle n'est plus garantie par l'action *venditi* ; mais il ne faut pas croire qu'elle ne pro-
duira jamais aucun effet : ainsi, supposons que l'acheteur
rende volontairement *rem traditam* et que plus tard il
intente l'action *empti* pour se la faire restituer, le vendeur paralysera cette action par l'exception *pacti con-
venti*.

La fixation d'un délai est-elle de l'essence du pacte commissoire ? Au premier abord, nous devrions répondre affirmativement : tous les textes du Digeste, qui visent ce
pacte, supposent un terme accordé à l'acheteur pour le
paiement du prix (2). Malgré ces raisons de douter, nous
pensons avec Cujas et Voet que la détermination d'un
délai n'est pas un élément essentiel de l'existence et de la
validité du pacte ; nous nous trouvons dans les termes
d'un contrat de bonne foi où la plus grande latitude est
laissée aux parties. De plus, l'utilité, que peut pratique-
ment présenter la *lex commissoria* sans fixation de
terme, commande cette solution. En effet, dans les ventes
ordinaires, le vendeur, qui a fait tradition, peut bien
revendiquer sa chose : il peut aussi la retenir, s'il ne l'a
pas livrée ; mais il n'en reste pas moins lié par le contrat et d'un moment à l'autre, l'acheteur peut, en offrant

(1) L. 72, *in fine*, D. 18, 1, *de Contr. empt.*
(2) Lois 1, 2, 4, 5, 8, h. t.

de payer le prix, le contraindre à exécuter son obligation. Au contraire, par l'insertion de la *lex commissoria* pure et simple, l'acheteur va se trouver immédiatement en demeure ou de payer le prix ou de rendre au vendeur la libre disposition de sa chose. Ces considérations sont assez puissantes, il nous semble, pour nous permettre de conclure que les textes cités plus haut, loin d'exclure absolument la *lex commissoria* sans fixation de délai, constatent seulement l'usage le plus suivi en pratique.

Nos anciens auteurs ont longuement discuté sur la nature juridique de la *lex commissoria*. Constitue-t-elle toujours une condition résolutoire, ou peut-elle aussi revêtir le caractère d'une condition suspensive? Les risques de la chose vendue sont-ils toujours à la charge de l'acheteur ou bien peuvent-ils être à la charge du vendeur? Enfin, l'acheteur se trouve-t-il immédiatement en position d'usucaper? Tel est l'intérêt pratique de cette discussion : telle sera l'importance de la solution que nous adopterons.

Nous ne trouvons pas dans le Digeste de traces apparentes d'une controverse semblable : cependant, les termes de la loi *I* de notre titre *magis est*, nous donnent lieu de croire que la question était douteuse. Mais l'était-elle du temps d'Ulpien, ou ce jurisconsulte veut-il seulement trancher les doutes qu'aurait pu faire naître une théorie ancienne, consistant à voir toujours dans le pacte commissoire une condition suspensive. Dans tous les cas, il est certain que les jurisconsultes romains ne se sont pas préoccupés de cette question, comme l'ont fait leurs commentateurs, tels que Jean Faber, Cujas, Pothier, Voet, etc......

Le premier système s'appuie d'abord : sur la comparaison *de la loi* 1 de notre titre et *de la loi 2, de in diem addictione* pour en conclure que la clause commissoire produit les effets d'une condition résolutoire, sans pouvoir jamais produire ceux d'une condition suspensive : « Quotiens fundus in diem « addicitur, utrum pura emptio est, sed sub conditione « resolvitur; an vero conditionalis sit magis emptio, « quæstionis est? Et mihi videtur verius, interesse quid « actum sit : nam, si quidem hoc actum est, ut *meliore* « *allata conditione discedatur*, erit pura emptio, quæ « sub conditione resolvitur : sin autem hoc actum est, ut « *perficiatur emptio, nisi melior conditio afferatur*, « erit emptio conditionalis (L. 2. D. 18, 2. de in diem « addictione). — Si fundus commissoria lege venierit, « magis est, ut sub conditione resolvi emptio, quam sub « conditione contrahi videatur (l. 1, h. t.) » Il résulte en effet du premier texte que la nature de *l'addictio in diem* varie avec l'intention des parties et que suivant cette intention, elle affecte conditionnellement tantôt la résolution tantôt l'existence même du contrat : d'après le second, la *lex commissoria* laisse toujours la vente pure et simple malgré la volonté des contractants. Or, ces deux textes sont tirés du *Commentaire d'Ulpien sur Sabinus*. Comment comprendre que ce jurisconsulte n'eût pas accordé dans le second comme dans le premier cas la même latitude aux parties, si la décision qu'il donne sur la *lex commissoria* n'eût pas été admise généralement et sans contestation : *qui dicit de uno, negat de altero*.

Les partisans de ce système invoquent encore la loi 2,
§. 3, D. 41, 4, *pro emptore* : « Sabinus ait : si sic
« empta sit, ut, nisi pecunia intra certum diem soluta esset,
« inempta res fieret, non usucapturum, nisi persolutâ
« pecuniâ. » Il s'agit évidemment ici d'une vente faite
sous condition résolutoire, *inempta res fieret*. Comment
alors Sabinus défend-il à l'acheteur d'usucaper avant
d'avoir payé le prix ? C'est qu'il émet ici une opinion qui
lui est particulière. Il serait du reste bien extraordinaire
que Sabinus donnât cette solution pour le cas d'une vente
faite sous conditon suspensive, cas le plus rare, sans en
excepter le cas incontestablement le plus fréquent, celui
d'une vente résoluble sous condition.

Deux interprétations données à la loi 38, § 2, D. 35, 2,
ad legem Falcidiam servent encore à étayer ce système.
Il s'agit de composer la masse du patrimoine sur laquelle
doit se calculer la *quarte Falcidie* et de savoir quels escla-
ves doivent être comptés dans l'actif du défunt : « Cujus
« ususfructus alienus est in dominio proprietatis connu-
« meratur ; pignori dati, in debitoris ; sub lege commissoria
« distracti, item ad diem addicti, in venditoris. » La
première lecture de ce texte est peu favorable à nos
adversaires ; si en effet l'esclave vendu sous une clause
commissoire compte dans le patrimoine du vendeur, c'est
que la vente est conditionnelle. Non, répond Cujas ;
l'acheteur est propriétaire ; le vendeur s'est bien dessaisi de son droit de propriété ; mais il n'a pas abdi-
qué tout droit sur l'esclave : *qui habet actionem ad
rem recuperandam, rem ipsam habere videtur.* L'es-

clave se trouve représenté dans la masse héréditaire par
l'action qui doit servir à le recouvrer.

D'autres ont dit : de ce que l'esclave ainsi vendu est
compté dans le patrimoine du vendeur, on ne peut pas
conclure que la vente soit sous condition suspensive. Car
que dit Hermogénien pour le *statu liber*? *heredis non
auget familiam;* pourtant l'héritier est propriétaire sous
condition résolutoire de l'esclave affranchi sous condition
suspensive : l'acheteur sous pacte commissoire est dans
la même situation ; la solution doit donc être la même
pour lui.

Ce système se fortifie encore des lois 2, 4, 5, 8, de
notre titre et de la loi 38, D. 4, 4, *de minoribus viginti
quinque annis*.

Malgré tout le prestige que ce système trouve dans les
Jurisconsultes qui le soutiennent, Faber, Cujas..., malgré
les nombreux arguments fondés en apparence, qui militent
en sa faveur, nous ne saurions l'accepter : il n'est pas
conforme aux principes généraux et l'interprétation qu'il
donne des textes est divinatoire ; elle repose trop sur des
subtilités et pas assez sur des arguments de fond.

En effet, les principes généraux ne proclament-ils pas la
liberté des conventions et n'est-ce pas la nier que de
défendre à la *lex commissoria* de produire l'effet d'une
condition suspensive? Sur quoi se fonde-t-on pour lui
refuser le privilège de se transformer au gré des contractants, d'être, soit une condition résolutoire, soit une condition suspensive, tandis qn'on l'accorde à *l'addictio in
diem*? Y a-t-il un texte qui justifie cette différence? Non : la
loi 1 de notre titre, loin de la justifier, la repousse. *Magis*

est, il vaut mieux y voir, dit Ulpien, une vente pure et simple qu'une vente conditionnelle. Que nos adversaires en concluent qu'il est d'usage le plus fréquent que la *lex commissoria,* porte plutôt sur la résolution que sur l'existence de la vente : nous le leur accordons ; mais qu'ils ne disent pas que toute vente, affectée de la *lex commissoria,* ne peut être que résoluble sous condition et jamais conditionnelle : qu'ils ne sacrifient pas tout au succès de leur théorie ; qu'ils laissent aux mots leur signification et au sens des mots la portée qu'Ulpien a voulu leur donner. Du reste le pacte commissoire a été créé pour présenter au vendeur les sûretés qu'il ne pouvait trouver dans les principes rigoureux de la vente. En restreignant ses effets, on arrive par cela même à priver de garanties celui qu'on voulait entourer d'une protection toute particulière.

L'explication qui a été présentée sur la loi, 2, § 3, *pro emptore,* nous paraît assez singulière. Comment supposer que Sabinus pose en principe que l'acheteur sous condition résolutoire ne peut pas usucaper *pro emptore* avant le paiement du prix? C'est vouloir le mettre en contradiction avec les idées admises et avec les jurisconsultes de son époque. Évidemment il faut admettre qu'il vise le cas de la *lex commissoria* agissant comme condition suspensive.

Nous n'apprécions pas beaucoup l'argument tiré du fragment 38, § 2, *ad legem Falcidiam.* En effet, Hermogénien dit : Si un esclave est grevé d'usufruit, il faut le compter dans le patrimoine du nu-propriétaire ; s'il est donné en gage, dans celui du débiteur, et s'il est

vendu sous pacte commissoire ou *in diem addictione*,
dans le patrimoine du vendeur. Si le jurisconsulte le
compte dans le patrimoine du vendeur, c'est que la vente
était sous condition suspensive : en effet, si elle eût été
sous condition résolutoire, il l'eût compté dans le patrimoine de l'acheteur.

Nous croyons donc qu'en cette matière, comme en matière d'*addictio in diem*, il faut rechercher l'intention
des parties. Maintenant il est fort possible que, le plus
souvent dans la pratique, la *lex commissoria* présente
le caractère d'une condition résolutoire ; mais les parties
restent parfaitement libres de lui faire produire les effets
d'une condition suspensive.

CHAPITRE II.

DES EFFETS DE LA *lex commissoria pendente conditione.*

Pour connaître la situation respective du vendeur et de l'acheteur *pendente conditione*, pour étudier les effets de la *lex commissoria* avant sa réalisation, nous devons l'envisager sous deux aspects différents.

I.

Elle a été apposée à la vente comme condition suspensive.

La vente ne produit immédiatement aucun de ses effets : l'acheteur n'est que créancier conditionnel ; le vendeur reste propriétaire de la chose vendue ; il peut l'aliéner, constituer sur elle des hypothèques ou des servitudes ; il fait les fruits siens : « Ubi autem conditionalis vendi- « tio est, negat Pomponius fructus ad eum pertinere (1). » A lui d'intenter l'action en revendication et d'y défendre.

(1) L. 4, D. 18, 2, *de in diem addictione.*

La tradition qu'il ferait de la chose à l'acheteur ne permettrait même pas à ce dernier d'usucaper avant le paiement du prix ; car jusque-là, il n'aurait qu'une possession entachée de précarité : « Quod si pendente con- « ditione, res tradita sit, emptor non poterit eam usuca- « pere pro emptore (1). »

À la charge de qui seront les risques? Que décider si la chose périt par cas fortuit avant la réalisation de la condition? Si la perte est totale, la perte sera supportée par le vendeur : la vente n'aura pas pu naître faute d'objet ; si la perte est partielle, les risques seront pour l'acheteur : « Si exstet res, licet deterior effecta, potest dici esse « damnum emptoris (2). » Voici comment se justifiait cette distinction : On partait de cette idée que le contrat conditionnel n'est parfait qu'à l'arrivée de la condition, qu'il doit alors réunir tous les éléments essentiels à sa formation. Or, dans le cas de perte totale, la condition ne pouvant se réaliser, il s'ensuit que l'obligation de payer ne peut pas naître faute de cause. Dans le cas de perte partielle, au contraire, la chose vendue peut encore former, d'une part, l'objet de l'obligation du vendeur, et, d'autre part, la cause de l'obligation de l'acheteur. D'ailleurs, l'acheteur profite des améliorations que la chose reçoit *pendente conditione ;* l'équité demande donc que les détériorations soient à sa charge : *Quem sequuntur commoda, eumdem sequi debent incommoda.* Cette théorie a été abandonnée par les rédacteurs du Code

---

(1) L. 8, D. 18, 6, *de periculo et commodo rei venditæ.*
(2) L. 8, *in fine,* D. 18, 6, *de periculo...*

Napoléon en ce qui concerne la perte partielle. L'article
1182, troisième alinéa, est ainsi conçu : « Si la chose
« s'est détériorée sans la faute du débiteur, le créancier
« a le choix ou de résoudre l'obligation, ou d'exiger la
« chose dans l'état où elle se trouve sans diminution de
« prix. » Ils n'ont pas voulu sacrifier à la logique d'un
raisonnement purement théorique une solution plus simple et plus pratique. Les chances de détérioration étant
beaucoup plus nombreuses que les chances d'améliora-
tion, ils ont mieux aimé violer le principe de la rétroactivité de la condition accomplie, que faire à l'acheteur
une position par trop périlleuse. Ils ont mis à la charge
du vendeur les risques partiels comme la perte totale.
Maintenant on leur reproche d'être contraire à l'intention
présumée des parties en mettant toutes les chances fa-
vorables d'un côté et toutes les chances défavorables de
l'autre. C'est une inconséquence, nous en convenons ;
mais les jurisconsultes romains ne l'ont-ils pas commise,
eux aussi, dans le cas de perte totale? Si au lieu de périr
entièrement, l'objet vendu s'était considérablement accru,
ce n'était point le vendeur, mais bien l'acheteur qui pro-
fitait de ces accroissements.

II.

Elle a été apposée à la vente comme condition résolutoire.

La vente produit tous ses effets *hic et nunc :* l'acheteur
peut librement aliéner la chose et la grever de droits

réels, mais sans pouvoir cependant préjudicier au droit
de propriété qui doit, le cas échéant, revenir au vendeur.
Il fait les fruits siens, il les perçoit *suo jure*, dit la
loi, 8, h. t.; mais il supporte toutes les charges. A lui
d'intenter l'action en revendication contre les tiers ou
d'y défendre.

Si la chose vendue n'appartenait pas au vendeur, l'a-
cheteur est placé immédiatement *in causâ usucapiendi :*
« Ubi igitur pura venditio est Julianus scribit, hunc, cui
« res in diem addicta est, et usucapere posse et... (1). »
Mais il doit réunir toutes les conditions requises pour
l'usucapion *pro emptore :* ainsi la *justa causa* ne lui
suffit pas; il faut que la *bona fides* ait existé chez lui,
non-seulement au moment de la tradition, à l'*initium pos-
sessionis*, mais encore dès le moment même de la vente :
« Si sciens stipuler rem alienam, usucapiam, si cum tra-
« ditur mihi, existimem illius esse. At in emptione et il-
« lud tempus inspicitur quo contrahitur : igitur et bonâ
« fide emisse debet et possessionem bonâ fide adeptus
« esse (2). »

Enfin, tous les risques de la chose vendue sont à la
charge de l'acheteur : peu importe que la perte soit totale
ou qu'elle ne soit que partielle, il devra toujours payer le
prix. Cette distinction que nous avons faite sous le paragraphe précédent n'a plus ici sa raison d'être, attendu
que ce n'est plus l'existence, mais la résolution de la

(1) L. 2, § 1, D. 18, 2, *de in diem addictione.*
(2) L. 2, D. 41, 4, *pro emptore.*

vento qui est en suspens : « Nam si aliter acciperetur,
« exusta villa, in potestate emptoris futurum, ut non
« dando pecuniam inemptum facerot fundum, qui ejus
« periculo fuisset (Lol 2, *in fine,* h. t.). »

CHAPITRE III.

COMMENT SE RÉALISE LA *lex commissoria ?*

Nous distinguerons le cas, où la *lex* aura été jointe à la vente sans fixation de terme, et le cas, où les parties seront convenues d'un terme pour le paiement du prix.

I.

Il n'y a pas eu de terme fixé.

Cujas pense que l'acheteur peut payer jusqu'à la *litis contestatio.* Paul, au titre *de verborum obligationibus* D. 45. 1. Loi 84, le décide ainsi pour le cas d'une stipulation : « Si insulam fieri stipulatus sim, et transierit « tempus quo potueris facere; quamdiu litem contesta- « tus non sim, posse te facientem liberari placet : quod « si jam litem contestatus sim, nihil tibi prodesse, si « ædifices. » — Voet raisonne par analogie de la loi 31. § 22. D. 21. 1. *de œdilitie edicto,* qui traite des règles de *l'action rédhibitoire,* à *la lex commissoria* et accorde à l'acheteur un délai de soixante jours pour payer :

« Si de temporo nihil convenerit, in factum actio intrà
« sexaginta dies utiles accommodatur emptori ad redhi-
« bendum ; ultrà non. » Ce raisonnement nous touche
fort peu ; car, avec cette manière de procéder, il n'est pas
d'opinion qui ne puisse se soutenir. Pourquoi vouloir toujours discuter et transporter en notre matière des textes
qui y sont étrangers, tandis que nous en avons d'autres
qui sont formels et spéciaux, comme la loi 23 : D. 44. 7.
de obligationibus et actionibus : « Adeo ut et illud Ser-
« vius rectissime existimaverit, si quandò dies qua pecu-
« nia daretur, sententia arbitri comprehensa non esset,
« modicum spatium datum videri. Hoc idem dicendum,
« et cùm quid ea lege venierit, ut, nisi ad diem pretium
« solutum fuerit, inempta res flat. » Dans ce fragment
Africain donné pour la *lex commissoria* la même solution
que pour *la clause pénale* : Il faut accorder, dit-il, à l'acheteur un *modicum spatium*. La loi 21, § 12. Dig. 4. 8.
De receptis qui arbitrium parle aussi de ce *modicum
tempus*, passé lequel la peine sera encourue. Du reste,
c'est une question de fait, *cum sit magis quæstio facti
quam juris*, L. 32. *in fine*. D. 22. 1. *de usuris et
fructibus* : le juge appréciera si l'acheteur a eu ce *modicum tempus* pour payer le prix : Il s'agit précisément
d'une action *bonæ fidei* et nous savons qu'il est laissé
au juge une certaine latitude d'appréciation, soit quant à
l'objet, soit même quant à l'existence des obligations des
parties : « In bonæ fidei judiciis libera potestas permitti
videtur judici ex bono et æquo æstimandi...... (1) »

(1) 30, première phrase, *Inst.*, L. IV, *de actionibus*.

§ 2.

Il y a eu un terme fixé.

Ici, le débiteur doit payer avant l'échéance du terme,
car à ce moment la *lex commissoria* est encourue *ipso
jure*; nous nous trouvons, en effet, dans un des cas
nombreux où le fait seul du retard constitue le débiteur
en demeure, sans qu'il y ait besoin d'aucune sommation :
d'où est venue cette locution, étrangère néanmoins aux
jurisconsultes latins qu'en Droit romain, *Dies interpellat
pro homine* : « Si merex aliqua, quæ certo die dari de-
« bebat, petita sit, veluti vinum ,... tanti litem æsti-
« mandam cassius ait, quanti fuisset eodie, quo dari
« debuit. » L. 4. D. 13. 3. *de condictione triticaria* :
« Si fundum certo die præstari stipuler, et per promis-
« sorem steterit, quominus ea die præstetur: consecuturum
« me quanti meâ intersit moram facti non esse. » L. 114.
D. 45. 1. *de verb. obligat.* L. 47. D. 19. 1. *de actionibus empti.* — 10 C. 4. 49. eod. tit. — 5. D. 50. 10.
de operibus publicis..... et enfin la loi 4, § 4, de notre
titre, d'où il résulte que l'acheteur, loin de pouvoir se
prévaloir du défaut d'interpellation, doit offrir son prix
avant l'arrivée du jour fixé : « Marcellus libro vicesimo
« dubitat, commissoria utrùm tunc locum habet, si in-
« terpellatus non solvat, an verò si non obtulerit ? et

« magis arbitror, *dit Ulpien*, offerre eum debere, si vult
« se legis commissoriæ potestate solvere. » Mais le texte
nous montre aussi que la décision d'Ulpien n'était pas
admise par les Proculéiens, *Marcellus dubitat.* Cette
question, en effet, divisait ces deux écoles : Deux fragments du Digeste nous signalent cette controverse. D'une
part, au titre *de nautico fœnore.* 2, D. 22. 2, Pomponius
se demande si, dans le cas d'un prêt à titre de *nauticum
fœnus*, une *interpellatio* est nécessaire pour constituer
l'emprunteur en demeure et il rapporte l'avis de Labeon :
« Labeo ait , si nemo sit qui a parte promissoris inter-
« pellari trajectitiæ pecuniæ possit, id ipsum testatione
« complecti debere, ut pro petitione id cederet. » Ce jurisconsulte consacre donc d'une manière formelle la nécessité de *l'interpellatio.* D'autre part , la loi 23. D. 44.
7. *de oblig. et act.* nous donne l'opinion des Sabiniens.
Il s'agit d'une stipulation faite par le préteur *trajectitiæ
pecuniæ* touchant les *operæ* de l'esclave qu'il a préposé
à la surveillance des marchandises ; Africain fait résulter
la déchéance de l'emprunteur de la seule expiration du
terme, sans qu'il soit besoin d'*interpellatio* : « Ejus
« quoque temporis, quo non interpellatus esset, pœnam
« peti posse : amplius etiam si omnino interpellatus non
« esset ; » puis il ajoute *in fine* : « Hoc idem dicendum,
« et cum quid ea lege venierit, ut nisi ad diem pretium
« solutum fuerit, inempta res fiat. » Ce conflit a été
tranché en faveur des Sabiniens par la constitution 12.
au Code 8. 38. *de conirah. et committ. stipul.* : « Mag-
« nam legum veterum obscuritatem, quæ protrahendarum
« litium magnam occasionem usque adhuc præbebat,

« amputantes, sancimus : ut si quis certo tempore fac-
« turum se aliquid vel daturum stipuletur (id est promit-
« tat), vel quæ stipulator voluit promiserit et adjecerit,
« quod si statuto tempore minimò hæc perfecta fuerint,
« certam pœnam dabit : sciat minimò se posse debitor
« ad evitandam pœnam adjicere, quod nullus eum ad-
« monuit : sed etiam citra ullam admonitionem eidem
« pœnæ pro stipulationis tenore fiet obnoxius : cum ea
« quæ promisit, ipse in memoria sua servare, non ab
« aliis sibi manifestari debeat poscere. »

Justinien décide qu'au cas d'inexécution de l'obligation
dans le délai voulu, le débiteur ne pourra se soustraire
à la clause pénale sous prétexte qu'il n'a pas été averti :
car il doit se souvenir de ce qu'il a promis, sans pouvoir
exiger qu'on le lui rappelle.

Or, nous avons vu plus haut (p. 24) Africain assimiler le pacte commissoire à la clause pénale : Nous
pouvons donc conclure de cette constitution, que la résolution de la vente a lieu de plein droit par la seule
écnéance du terme, sans qu'il y ait besoin de sommation.

Mais cette règle puise-t-elle sa raison d'être dans l'interprétation bien rigoureuse, il est vrai, de la volonté des
parties, ou bien peut-elle être justifiée par les principes
généraux de la *mora ?* Le président Antoine Favre, dans ses
Pandectarum rationalia, a cru faire l'application de ces
principes en disant : La réalisation de la *lex commissoria* résulte nécessairement de l'expiration même du délai
sans *interpellatio* aucune. D'un côté, en effet, la sommation que le vendeur ferait avant terme serait intem-

pestive : *Qui a terme ne doit rien* (1). D'un autre côté, celle qu'il ferait, une fois le terme échu, lui serait très-préjudiciable, puisque par là il renoncerait à exciper de la résolution et accepterait forcément le maintien du contrat : « Post diem commissoriæ legi prœstitutum, si ven- « ditor pretium petat, legi commissoriæ renunciatum « videtur, nec variare et ad hanc redire potest (2). » Malheureusement cette explication ne résiste pas à un examen tant soit peu sérieux. Cet éminent jurisconsulte a confondu la simple sommation, le simple avertissement avec la demande en justice. Il n'a pas remarqué que dans cette loi, Ulpien ne parle pas d'une *interpellatio*, mais bien de l'action *empti*, « *pretium petat* », qu'en donnant à la simple sommation des conséquences aussi graves, il ne lui était plus possible de comprendre les hésitations de Marcellus, sur la loi 4, § 4. Il serait bien extraordinaire qu'un simple acte extra-judiciaire fît perdre au vendeur le bénéfice du pacte commissoire, son droit d'option. Du reste, tous les textes qui ont trait à cette déchéance emploient le mot *petere*, qui est le terme générique, pour exprimer une demande en justice, l'exercice d'une action. Quoi qu'il en soit, nous devrons appliquer à la lettre la maxime : *Dies interpellat pro homine;* ce sera très-dur pour l'acheteur dans certains cas d'application, c'est possible; mais peu importe : nous ne pouvons pas sacrifier les intérêts du vendeur à la négligence de celui-là. Ainsi un paiement partiel fait avant l'é-

---

(1) 41, § 1, D. 45, 1, *De verb. oblig.*
(2) L. 7, h. t.

chéanco du terme ne pourra pas, quelque considérable qu'il soit, soustraire l'achoteur à la résolution de la vente, à l'accomplissement de la *lex commissoria* (1).

Certains interprètes ont voulu aller plus loin encore : se fondant sur le mot *statim* de la loi, 4, § 2, de notre titre, ils ont soutenu que, par l'expiration du délai, le vendeur était en demeure d'opter entre le maintien et la résolution de la vente ; qu'il devait se hâter de prendre un de ces partis ; à défaut de quoi, l'acheteur, en offrant le prix, se soustrairait au pacte commissoire : « Elegan- « ter Papinianus, libro tertio responsorum scribit, statim « atque commissa lex est, statuere venditorem debere « utrum commissoriam vellut exercere an potius pretium « petere. » C'est donner au mot *statim* une portée que certainement Papinien n'a pas voulu lui attribuer. Il ne s'occupe point, dans ce fragment, de la *purgatio moræ*: il dit que le terme échu, le vendeur doit opter entre le paiement du prix et l'exercice de la *lex, Nec posse, si commissoriam elegit, postea variare.* S'il garde le si- lence, il n'encourra pour cela aucune déchéance; seule- ment l'acheteur, qui aura intérêt à sortir de cet état d'incertitude, pourra le sommer de prendre parti. Certes, il n'y a pas là de quoi dénaturer les effets de l'échéance du terme. Comment! voilà une vente sous pacte commis- soire, le terme apposé vient à échoir, et la position de l'acheteur serait toujours la même! Il pourrait encore payer! Alors à qui aurait servi la fixation du délai? Quelle aurait été son utilité pour le vendeur? Aucune.

(1) L. 6, § 2. h. t.. — L. 86, § 6, D. 45, 1, *De verb. oblig.*

Sa position aurait empiré. Et pourtant le pacte commissoire devrait être une garantie pour lui ; la *loi 2* nous
dit : *Id venditoris causa caveretur.* Cette interprétation
est donc inadmissible. Nous en dirons autant des adou-
cissements qu'on y a apportés. En effet, d'autres interprètes à la conscience timorée, moins radicaux que ces
derniers, ont donné au vendeur, pour réfléchir sur le
parti qu'il voudrait prendre, dix jours à partir de l'é-
chéance du terme. A ce sujet, ils ont invoqué un texte
complètement étranger à notre matière : « Si sine die
« constituas, potest quidem dici, te non teneri, licet verba
« edicti late pateant ; alloquin et confestim agi tecum po-
« terit, si statim, ut constituisti, non solvas ; sed modi-
« cum tempus statuendum est non minus decem dierum,
« ut exactio celebretur (1). » Paul nous apprend que
quand les parties, qui ont fait le pacte de constitut, n'y ont
pas expressément inséré un terme, un terme de dix jours
s'y trouve tacitement inséré. Or, il n'est pas possible
de raisonner du pacte de constitut au pacte commissoire.
L'indication d'un jour fixé pour le paiement est tellement
de l'essence du pacte de constitut, que Cujas nous dit
que, s'il n'y a eu que la simple convention de payer
sans constitution de jour, on pourrait soutenir subtile-
ment qu'on ne doit pas ; nous savons, au contraire, que
la fixation d'un délai est tout au plus de la nature du
pacte commissoire.

Les partisans de ces deux systèmes s'appuient encore sur
les lois 73, § 2 ; 91, § 3, D. 45, 1, *de Verb oblig.*, et 72,

---

(1) L. 21, § 1, D. 13, 5, *De pecunia constituta.*

D. 46, 3, *de solut. et liberat.* Ce choix de textes n'est pas plus heureux que le précédent. Les jurisconsultes Paul et Marcellus disent bien dans ces fragments que le *promissor* d'un corps certain peut, en purgeant sa demeure, *offerendo moram purgat vel emendat*, mettre les risques à la charge du créancier ; mais ils se gardent bien de se placer dans l'hypothèse où on aurait joint à l'obligation une clause pénale où à la vente la *lex commissoria* (1). Car, pour ces cas, il y a un texte formel : « Celsus ait : si arbiter intrà kalendas septembris dare « jusserit, nec datum erit, licet postea offeratur, attamen « semel commissam pœnam compromissi non evanescere : « quoniam semper verum est intrà kalendas datum non « esse (2). » Ainsi ces opinions ne peuvent se soutenir ; nous restons donc convaincus que la *lex commissoria* est encourue par la seule échéance du terme, qu'à partir de ce moment la résolution de la vente est un droit acquis au vendeur, et qu'enfin l'expiration du délai ne crée pas contre lui une mise en demeure.

(1) L. 23, D. 44, 7, Africain, *De oblig. et act.*
(1) L. 23, D. 4, 8, *De receptis qui arbit.*

CHAPITRE IV.

EFFETS DE LA *lex commissoria impletá conditione.*

La *lex commissoria* a été apposée à la vente, ou comme condition suspensive, ou comme condition résolutoire

I.

Elle a été apposée à la vente comme condition suspensive.

Si le prix est payé, la condition est réalisée, et l'acheteur a l'action *empti* pour obtenir la tradition de la chose vendue.

Si la tradition a eu lieu *pendente conditione*, la propriété de la chose passe à l'acheteur, *ipso jure*, par le seul effet de la réalisation de la condition, sans qu'il y ait besoin d'une nouvelle tradition ou d'un nouvel accord de volontés. Ceci est du reste parfaitement conforme aux principes fondamentaux du Droit Romain : ce n'est pas l'évènement de la condition qui opère à lui seul cette translation de propriété ; nous y trouvons aussi les deux éléments indispensables, l'élément matériel, la tradition et l'élément intellectuel, la volonté des parties. Il n'y a point de rétroactivité(1). Le transport de la propriété a lieu au moment de l'arrivée de la condition et non au moment de la tradition. De là, il suit que le vendeur ne doit pas la restitution des fruits qu'il a perçus *pendente conditione.*

Si le vendeur n'était pas propriétaire, la réalisation de la condition met l'acheteur en position d'usucaper *pro emptore.*

Quant aux risques de la chose, nous appliquerons ici les mêmes règles que dans les ventes conditionnelles : la perte totale sera pour le vendeur, la perte partielle pour l'acheteur.

La chose jugée pour ou contre celui-là profite ou nuit à l'acheteur.

II.

Elle a été apposée à la vente comme condition résolutoire.

Nous étudierons successivement les effets que la réalisation de la condition, c'est-à-dire le défaut de paiement du prix produit entre les parties et à l'égard des tiers.

_____

(1) L. II, D. 24, 1, *de donat inter vir et ux.*

§ 1.

Ses effets entre les parties.

Le vendeur peut, comme nous l'avons dit plus haut, ou renoncer au bénéfice de la *lex commissoria* et intenter l'action *venditi* à l'effet d'obtenir le paiement du prix, ou poursuivre la résolution de la vente.

Supposons qu'il se prononce pour la résolution : quelle action aura-t-il pour recouvrer l'objet vendu? Point de difficultés, s'il n'y a pas eu tradition; le vendeur n'a nullement besoin d'action : l'accomplissement du pacte commissoire efface à lui seul la convention.

Point de difficulté non plus, s'il y a eu tradition, mais sans transport de propriété au profit de l'acheteur : le vendeur a la *rei vindicatio* pour rentrer en possession de la chose et la *réplique de dol*, si l'acheteur oppose à son action l'exception *rei venditæ et traditæ*.

Mais il y a eu tradition *ex justa causa* : Le *Dominium* fera-t-il retour au vendeur *ipso jure* par la réalisation de la condition, ou faudra-t-il que l'acheteur lui fasse à son tour tradition? En un mot le vendeur aura-t-il, *conditione impleta*, la *rei vindicatio*, action réelle opposable à tous, ou ne pourra-t-il agir qu par l'action *venditi*, action personnelle?

Cette question offre une importance considérable : car elle n'est pas spéciale à notre matière : elle se représente toutes les fois qu'un transport de propriété a lieu en vertu d'un acte ou d'un contrat résoluble sous condition.

Voici son intérêt pratique : le vendeur n'a-t-il que l'action *venditi :* ses droits sont faiblement garantis par elle, si nous supposons que l'objet a été revendu ou que des servitudes ou autres droits réels ont été consentis sur lui par l'acheteur : les tiers-acquéreurs sont à l'abri de toutes poursuites : le vendeur ne peut obtenir que des dommages-intérêts. Bien plus, sans faire ces hypothèses, les droits de celui-ci ne sont pas mieux sauvegardés. N'était-il pas de principe en effet, dû moins sous le système formulaire, que toute condamnation dût se résoudre en une somme d'argent? Donc en sa qualité de créancier d'une somme d'argent, le vendeur subit le concours des créanciers de l'acheteur et obtient un dividende qui peut-être à peu-près nul, si ce dernier est insolvable. Il est vrai de dire qu'à l'époque classique, la *rei vindicatio* était encore soumise à ce principe et que partant elle n'offrait pas au vendeur une utilité beaucoup plus considérable. Mais, dès que *l'arbitrium judicis* pût *manû militari* recevoir une exécution effective, le vendeur trouva dans l'action réelle le moyen de conjurer les dangers que nous avons signalés, d'échapper à ces dures conséquences.

Aussi, à partir de cette époque, la théorie du retour de la propriété *ipso jure* se fit jour dans la législation : quelques jurisconsultes virent dans ces nouveaux effets de la *rei vindicatio,* dans ce progrès de la jurisprudence un nouvel essor pour les transactions et ils accordèrent au vendeur l'action réelle : C'est Scœvola, Marcellus et Ulpien ; mais leurs efforts restèrent infructueux jusqu'à Justinien

qui consacra formellement cette doctrine. Nous no croyons
pas comme M. Pellat, *de la propriété p.* 279, que cette
théorie ait été créée par Ulpien ; nous accordons bien à
ce savant commentateur qu'elle n'était pas généralement
reçue avant ce jurisconsulte ; mais ce progrès s'était déjà
produit dans la jurisprudence et ce jurisconsulte ne fit
que hâter son épanouissement (1).

Il est incontestable que, dans les premiers temps du
Droit Romain, le vendeur n'avait que l'action personnelle,
l'action *venditi* : le principe, d'après lequel la propriété
ne pouvait pas être transférée *ad tempus* était rigoureu-
sement observé. Sous Auguste, les Proculéiens soutinrent
qu'il impliquait contradiction de demander l'exécution et
la nullité de la vente par la même action : ils substituè-
rent à l'action *venditi* l'action *præscriptis verbis*. Les
Sabiniens, au contraire, se cantonnant dans l'ancien
Droit et s'appuyant sur les principes universellement admis en matière de *pacta adjecta*, ne se laissèrent pas
ébranler par le raisonnement spécieux de l'école rivale,
nec conturbari debemus : ils maintinrent l'action primitive parceque dit Pomponius (2) : « In emptis vendi-
« tis potius id quod actum, quam id, quod dictum sit,
« sequendum est. ». La controverse ne portait, c'est vrai,
que sur l'action personnelle. Mais est-ce là une raison suffisante pour refuser toute existence à la théorie du retour
de la propriété *ipso jure*, si utile aux intérêts du vendeur ? Comment alors Ulpien se prévaudrait-il de l'auto-

---

(1) M. de Savigny, *Syst.* tom. 5, p. 253, 255, § 171.
(2) L. 6, § 1, *in fine*, D. 18, 1, *De contrah. empt.*

rité de ses devanciers? Dans la loi 4, § 3, D. 18, 2, où il s'agit d'un fonds vendu avec *addictio in diem*, et donné en gage par l'acheteur, il cite Marcellus : « qui scripsit, « puro vendito et in diem addicto fundo, si melior conditio « allata sit, rem pignori esse desinere, si emptor cum « fundum pignori dedisset. » Or, l'acheteur était propriétaire *medio tempore ; alioquin nec pignus teneret*. Donc, si l'arrivée de la condition a pour effet d'anéantir le gage, c'est que la propriété est retransférée *ipso jure* au vendeur. Dans la loi 3, D. 20, 6, *quibus modis pign. solv.*, il cite encore une décision semblable de Marcellus : « Si res distracta « fuerit sic, nisi intrà certum diem meliorem conditionem « invenisset, fueritque tradita, et forte emptor, antequam « melior conditio offerretur, hanc rem pignori dedisset, « Marcellus libro quinto Digestorum ait, finiri pignus, si « melior conditio fuerit allata. » Scœvola dans la loi 8, h. t., supposant une vente faite sous pacte commissoire et une saisie-arrêt formée par le fisc dans les mains de l'acheteur, n'hésite pas à accorder au vendeur la *rei vindicatio* pour assurer l'exécution du pacte commissoire : « Quæsitum est, an fundi non sint in ea causa, ut a ven-« ditrice vindicari debeant ex conventione venditoris? »

Nous en avons assez dit pour qu'on ne puisse plus soutenir que cette doctrine est une opinion personnelle d'Ulpien : poursuivons l'examen des textes dans lesquels ce jurisconsulte affirme plus nettement encore le retour de la propriété par la seule réalisation de la condition résolutoire. Dans la loi 29, D. 39, 6. *de mortis causa don.*, il dit au sujet d'une donation à cause de mort résoluble sous condition : *potest defendi, in rem competere dona-*

tori, si quid horum contigisset. Il est plus affirmatif
dans la loi 41, D. 6, 1, *de rei vindicatione :* « Si quis
« hac lege emerit, ut, si alius meliorem conditionem attu-
« lerit, recedatur ab emptione, post allatam conditionem,
« jam non potest in rem actione uti : sed si, cui in
« diem addictus sit fundus, antequam adjectio sit facta, uti
« in rem actione potest : postea non poterit. » La condition
résolutoire s'accomplit-elle : l'acheteur cesse d'être propriétaire ; par conséquent la propriété fait retour au vendeur
qui peut revendiquer. Antoine Favre pense au contraire
que, *allata conditione,* la propriété n'est à personne, ni
à l'acheteur, ni au vendeur, que celui-ci devra intenter
l'action *venditi* pour forcer l'acheteur à lui retransférer la
propriété. « Nous nous contenterons, dit M. Pellat (1) de
demander à ce subtil interprète comment l'acheteur pourra
retransférer une propriété qu'il n'a plus. » On a voulu voir
une antinomie entre la loi que nous venons de citer et les
lois 4, § 4 et 16, D. 18, 2, *de in diem addict.* et 4. h. t.
dans lesquelles Ulpien n'accorde au vendeur que l'action
ex vendito. Plusieurs explications ont été présentées.
D'après Zimmern, on doit s'en rapporter à l'intention des
parties et suivant cette intention, le vendeur aura la *rei*
vindicatio ou l'action *ex vendito.* C'est inadmissible :
les parties ne peuvent pas à volonté produire des effets
aussi différents. M. Pellat prétend qu'Ulpien, étant le
seul jurisconsulte qui admette le retour *ipso jure* de la
propriété, l'admet en concours avec l'action personnelle

(1) P. 278, note 1.

généralement accordée (1). Il renvoie à la loi 29, *de mort.
caus. don.* citée plus haut. Nous repoussons cette explication : car il ne faut pas chercher à conclure d'une controverse sur les donations à cause de mort à une controverse sur
la question générale. Les hésitations d'Ulpien à accorder
au donateur l'action en revendication se justifient par le
caractère de révocabilité de la donation à cause de mort.
En effet cette révocabilité, par cela même qu'elle suppose
à chaque instant de raison le concours de la volonté des
deux parties, semble exiger un nouveau contrat, une
nouvelle tradition pour opérer le retour de la propriété.
Eh bien! contrairement à l'opinion commune, ce jurisconsulte les fait résulter de la seule puissance de la tradition et du contrat primitifs : en un mot, il admet un
nouveau contrat tacite au moment de l'arrivée de la condition; mais, comme il est encore seul de son avis, il
propose avec timidité, *potest defendi,* l'action en revendication.

L'interprétation qu'à présentée Thibaut, nous semble
la meilleure : on ne peut pas supposer qu'Ulpien se
contredise; si dans les textes qu'on oppose, il parle de
l'action *venditi,* c'est que malgré l'anéantissement du contrat, cette action subsiste pour les accessoires, qui ne peuvent entrer dans la *rei vindicatio,* tels que fruits, dommages-intérêts, etc...

Quelles furent les destinées de cette doctrine? Fut-elle
adoptée par les rescrits des empereurs? La loi 4, C. 4, 54,
de pactis inter empt et vendit. paraît bien donner au

(1) P. 279, note 2.

vendeur l'action en revendication à l'effet d'obtenir le
bénéfice de la *lex commissoria* : « Commissoriæ vendi-
« tionis legem exercere non potest qui post præstitutum
« pretii solvendi diem, non vindicationem rei eligere sed
« usurarum pretii petitionem sequi maluit. » Mais la loi 3
qui est, comme la précédente, un rescrit de l'empereur
Alexandre, donne une solution diamétralement opposée :
« Qui ea lege prædium vendidit ut, nisi reliquum pre-
« tium intrà certum tempus restitutum esset, ad se rever-
« teretur : si non precariam possessionem tradidit, rei
« vindicationem non habet, sed actionem ex vendito. »

De nombreuses conciliations ont été proposées. Suivant
Cujas : « venditori vindicatio competit si rem tradiderit
« emptori precario, l. 4 : at si venditor emptionis jure rem
« tradiderit emptori, competit actio ex vendito, l. 3. »...
Cette distinction est purement conjecturale : la loi 4, ne
parle nullement de cette possession précaire à laquelle
serait subordonné l'exercice de la *rei vindicatio*. Suivant
Noodt et Pothier, la loi 3 envisage la *lex commissoria*
comme condition résolutoire : la loi 4, comme condition
suspensive. Nous ferons à cette interprétation le même reproche qu'à la précédente. Voët et Brunneman distin-
guent selon que le pacte a été conçu : ou *directis verbis*
tels que *emptio nulla sit, fundus inemptus sit;* dans ce
cas, le vendeur aurait l'action en revendication : ou *obli-
quis verbis* tels que *res rediret, fundus reverteretur*,
l. 3 ; alors le vendeur n'aurait quel action *ex vendito*. Cette
conciliation nous satisfait d'autant moins que dans un contrat *bonæ fidei* comme la vente, on ne peut attacher une importance aussi radicale à la manière dont les parties se sont

exprimées. Du reste, il est impossible de trouver une de ces expressions plus énergique ou plus directe que l'autre. Pour nous, ces deux textes sont inconciliables ; peut-être pourrait-on dire que les rédacteurs du Code ont substitué dans la loi 4 la *rei vindicatio* à l'action *ex vendito* dont parlait l'empereur Alexandre et ont oublié d'altérer la loi 3 dans le même sens. Quoi qu'il en soit, il est certain que la doctrine *de Scævola, Marcellus*, et Ulpien ne fut pas adoptée par les constitutions impériales : nous en trouvons la preuve dans un rescrit de Dioclétien et Maximien (1) « Si stipendiariorum proprietatem dono dedisti, ita « ut, post mortem ejus qui accepit, ad te rediret, « donatio irrita est, cum ad tempus proprietas « transferri nequiverit. » Ainsi est maintenu le principe par lequel la propriété ne peut-être transférée *ad tempus.* Sous Justinien, le principe contraire triomphe : nous retrouvons au Code (2) le rescrit de Dioclétien et Maximien remanié comme il suit : « Si rerum tuarum « proprietatem dono dedisti, ita ut, post mortem ejus qui « accepit, ad te rediret donatio valet, cum etiam ad tempus « certum vel incertum ea fieri potest, lege scilicet quæ « ei imposita est conservanda. » La propriété peut être transférée *ad tempus* : au moment où la *lex commissoria* est réalisée, le *Dominium* fait retour *ipso jure* au vendeur qui peut intenter la *rei vindicatio.*

La *lex commissoria* réalisée a-t-elle un effet rétroactif? Il est facile de comprendre combien est grand l'inté-

---

(1) *Fragmenta Vatic.*, § 283.
(2) L. 2, C. 8, 55, *De donat. quæ sub modo.*

rôt de cette question. Si on admet la rétroactivité, les
servitudes ou autres droits consentis par l'acheteur *pendente conditione* seront anéantis, ainsi que ceux acquis
par lui au profit de la chose vendue. La chose jugée contre lui ne sera pas opposable au vendeur. Réciproquement,
les actes, par lesquels celui-ci aura disposé de la chose
vendue *pendente conditione* ou l'aura grevée de droits
réels, se trouveront validés *ab initio*, au lieu d'être
considérés comme ayant été consentis *a non domino*.

Quant aux fruits perçus par l'acheteur *pendente conditione*, c'est une question de fait à laquelle la rétroactivité ne peut pas s'appliquer : la propriété des fruits n'est
pas comme celle de la chose vendue, une propriété résoluble. Cependant, la condition résolutoire accomplie, l'a-
cheteur est tenu de les restituer au vendeur (1). Mais l'exécution de cette obligation n'est garantie que par l'action
venditi, action purement personnelle, de telle sorte que,
dans le cas où l'acheteur les aurait aliénés, le vendeur
serait obligé de respecter ces actes d'aliénation, si le principe de la rétroactivité n'était pas admis.

Certains auteurs argumentent de la loi 0, D. 39. 3.
de aqua et aquæ pluv. arcend. pour établir l'effet rétroactif de la condition résolutoire. Le texte dit, en effet,
que le consentement du vendeur et de l'acheteur est nécessaire pour qu'il soit certain, à tout évènement, que
l'*aquæ cessio* a été faite par le propriétaire, *voluntate
domini*. Donc, la résolution de la vente accomplie, l'acquéreur devra être considéré comme n'ayant jamais été

(1) L. 6, D. 18, 2, *De in diem addict.* — 4, § 4, D. 18, 2. — 6, h. t.

propriétaire. M. Bufnoir répond : « que cette loi n'est pas
« dans l'hypothèse d'une servitude établie *jure civili* et
« par un mode solennel, mais dans celle d'une servi-
« tude établie *jure prætorio per usum et patientiam*
« qui ne réclame qu'une simple adhésion à l'exercice de
« la servitude ; et que cette adhésion peut être alors
« conditionnelle de la part de celle des parties qui n'est
« qu'éventuellement propriétaire. » Ce fragment ne
prouve donc rien. Le principe de la non-rétroactivité
ressort très-clairement des lois 4, § 3. D. 18. 2. *de in diem
addict.* et 3. D. 20. 6. *quib. mod. pign. solv.* Ces textes supposent une vente faite sous la condition résolutoire
de l'*addictio in diem* : l'acheteur consent une hypothèque sur la chose vendue ; puis la condition se réalise ;
Marcellus dit que l'hypothèque prend fin, *rem pignori
esse desinere, pignus finiri :* ce qui indique bien, ajoute
Ulpien, que la propriété intérimaire de l'acheteur est un
fait accompli que rien ne peut effacer ; autrement Marcellus ne dirait pas seulement que l'hypothèque prend
fin ; il dirait qu'elle est rétroactivement effacée.

Poursuivons les effets de la condition résolutoire entre les
parties. *Quid* de l'usucapion, si nous supposons une vente
faite *a non domino ?* Deux hypothèses peuvent se présenter : ou l'usucapion est ou n'est pas accomplie au profit de l'acheteur au moment de la réalisation du pacte
commissoire.

L'usucapion est accomplie. — Le véritable propriétaire
a perdu tous droits sur sa chose. Mais vis-à-vis du vendeur, l'acheteur n'a été qu'un détenteur précaire :
c'est pour lui qu'il a possédé. L'usucapion n'a pas

pu lui conférer plus de droits que ne l'aurait fait la vente si le vendeur eût été le véritable propriétaire. Celui-ci n'aura point, il est vrai, l'action en rerevendication puisqu'il n'a jamais eu la propriété : il recouvrera la possession de l'objet vendu par l'action *venditi* qui a survécu à la vente : en effet, la négligence ou la mauvaise foi de l'acheteur ne peut pas lui faire une position meilleure que celle qu'il avait *pendente conditione*; il reste donc toujours tenu des termes du contrat.

L'usucapion n'est pas accomplie. — Le véritable propriétaire a conservé tous droits sur sa chose : il intentera avec succès l'action en revendication. Mais le vendeur, remis en possession, pourra-t-il joindre la possession de l'acheteur à la sienne pour compléter l'usucapion. Un texte d'Ulpien qui a trait à l'action résolutoire (1), nous montre que les jurisconsultes n'étaient pas d'accord sur cette question. Les uns la résolvaient négativement *quia venditionis est resolutio, redhibitio*. Les autres affirmativement, parce qu'ils considéraient la résolution comme une revente de l'acheteur au vendeur; c'est à ce dernier avis qu'Ulpien se range, *quod magis probandum puto*. Dans la loi 19. D. 41. 3. *de usurp. et usucap.*, Javolenus admet la jonction de possession pour tous les cas où la vente est résolue par suite de l'accomplissement d'une condition résolutoire quelconque. Enfin, Africain, dans le fragment 6, § 1. D. 44. 3. *de divers. temp. præscr*, le décide formellement pour la *lex commissoria*; il donne pour raison qu'il y a comme une vente nouvelle par laquelle le vendeur devient l'ayant-cause de l'a-

---

(1) 13, § 2, D. 41. 2, *De adq. vel amitt. poss. ss.*

cheteur : « Vendidi tibi.....; quod cùm evenerit, quæsi-
« tum est quid de accessione tui temporis putares ? res-
« pondit, id quod servetur, cùm redhibitio sit facta :
« hunc enim perindè haberi, ac si retrorsus homo mihi
« venisset : ut scilicet se venditor possessionem postea
« nactus sit, et hoc ipsum tempus, et quod venditionem
« præcesserit, et amplius accessio hæc ei datur cum eo
« quod apud eum fuit, a quo homo redhibitus sit. »

Le vendeur est-il tenu de restituer les arrhes qu'il
a reçues? La négative semble ressortir des lois 8 de notre
titre et 1. C. 4. 54. *de pactis inter emp.;* mais comme
ces deux textes visent le cas d'une clause expresse, on
en a conclu qu'à défaut d'une clause, l'acheteur serait
en droit de se faire restituer les arrhes qu'il aurait données. Ce système tombe devant le fragment 6, de notre
titre qui est de Scævola, comme la loi 8. Ce jurisconsulte, sans supposer de clause expresse, décide què *id
quod arrhæ vel alio nomine datum esset, apud venditorem remansurum.*

Le vendeur conserve-t-il les à-comptes qu'il a reçus sur
le prix? Une première opinion distingue entre le cas où
la chose vendue est frugifère et celui où elle ne l'est pas.
Dans le premier, l'acheteur garde les fruits et laisse les
à-comptes ou restitue les fruits et se fait rendre les à-comptes. Dans le second, le vendeur ne peut pas conserver les
à-comptes. Cette distinction est inadmissible; notre loi
4, § 1, ne la justifie nullement.

Antoine Favre, Brunneman, Molitor ont présenté un
système plus radical : le vendeur garde les à-comptes
comme les arrhes; en effet, d'après la loi 4, § 1, de no-

tre titre, *emptor lucretur fructus, cum pretium quod numeravit, perdidit*. Mais quand l'acheteur a-t-il perdu le prix qu'il a payé? *Quando aliquam partem pretii dedit*, répond Ulpien, c'est-à-dire quand il a donné des à-comptes. Bien plus, Scœvola ne dit-il pas dans la loi 6 que le vendeur garde les arrhes et *id quod alio nomine datum esset?* Or, qu'a-t-il pu recevoir *alio nomine*, si ce n'est les à-comptes?

Malgré l'autorité de ces textes, Voët, Pothier, Muhlenbrück, à l'avis desquels nous nous rangeons, n'entendent par *alio nomine*, que les frais d'actes, épingles, pots de vin, etc... Autre chose est pour eux la perte des arrhes, autre chose est celle des à-comptes. Que l'acheteur perde les arrhes, cela se comprend; le vendeur les a reçues comme garantie de l'indissolubilité du contrat; il est bien juste qu'il les garde puisque la vente est résolue. Mais comment peut-on leur assimiler les à-comptes? Ceux-ci sont donnés en exécution du contrat; ils sont une fraction du prix. Or, dès que la vente est anéantie, le prix cesse d'être dû; par conséquent il doit en être de même des à-comptes. Du reste, le système que nous combattons conduit à une injustice qui, à elle seule, le condamne : l'acheteur qui aura fait tous ses efforts pour remplir une partie de ses engagements, sera traité plus durement que celui qui, moins scrupuleux, plus négligent, n'aura payé aucune partie du prix. C'est inadmissible. Enfin, la loi 4, § 1, ne prouve rien. Ulpien parle bien d'une compensation à faire entre les fruits et une partie du prix que l'acheteur aurait donné; mais seulement il ne précise rien. Peut-être pourrait-on dire qu'il vise le cas où, par suite de l'insolvabilité du vendeur, l'acheteur perdrait les à-comptes qu'il aurait donnés. Mais alors ce ne serait plus le pacte commissoire qui les ferait perdre.

Quel est, vis-à-vis du vendeur, l'effet de la chose jugée contre l'acheteur? Est-il tenu de respecter les droits réels qui ont été *pendente conditione* judiciairement reconnus sur l'immeuble vendu? Cette question en soulève une autre. Le vendeur est-il l'ayant-cause de l'acheteur ou n'est-il qu'un tiers vis-à-vis de lui? Au temps des juris-consultes, il est l'ayant-cause de l'acheteur, parce qu'il n'a qu'une action personnelle; l'action *judicati* lui est donc opposable. Sous Justinien, par l'action en revendication il invoque un droit qui lui est propre : ce n'est plus à l'acheteur, mais à l'immeuble même qu'il s'adresse. Il peut donc repousser l'action *judicati* par l'exception *justi Dominii.*

Occupons-nous des obligations de l'acheteur après l'accomplissement de la *lex commissoria.* En premier lieu, il doit rendre l'objet vendu avec tous ses accessoires, amé-liorations naturelles ou accidentelles et accroissements. En second lieu, il doit restituer les fruits. Cependant certains interprètes enseignent que l'acheteur est un posses-seur de bonne foi, et qu'à ce titre il gagne les fruits. La loi 2, § 1, D. 18, 2, *De in diem addict.* serait formelle : *Hunc cui res in diem addicta est et fructus et acces-siones lucrari.* La loi 2, § 4, D. 41, 4, *pro emptore,* les attribuerait aussi à l'acheteur : *Julianus putabat fructus emptoris effici.* Ces textes ne nous séduisent pas : ils affirment bien que, *pendente conditione,* l'ache-teur fait les fruits siens; cela se comprend, puisque la vente est pure et simple. La loi 8 de notre titre l'affirme aussi : *Emptor interim eos sibi suo quoque jure percipit*. Mais ce n'est pas là le cas qui nous occupe; nous voulons savoir ce que deviennent les fruits après la résolution de la vente. Or, nos adversaires ne peuvent pas admettre que Julien, qui est l'auteur des deux textes précédents se donne un démenti dans le fragment 4, § 4, D. 18, 2, *De in diem add. : eam actionem, sicut fructus quos percepit, venditi judicio præstaturum*. En outre, la loi 8 de notre titre donne la même solution. Du reste, il n'est pas possible de considérer comme possesseur de bonne foi l'acheteur qui sait fort bien que sa propriété est soumise à une condition résolutoire. Bien plus, ne se constitue-t-il pas possesseur de mauvaise foi en ne remplissant pas ses engagements, en ne payant pas le prix? Ainsi donc, une fois la vente résolue, l'acheteur n'a plus aucun titre pour conserver les fruits.

Mais il devra être indemnisé par le vendeur des dépenses nécessaires qu'il aura faites pour la conservation de la chose et des dépenses utiles jusqu'à concurrence de la plus-value. Il ne le sera point des dépenses voluptuaires : il n'aura que le droit d'enlever *sine rei detrimento* tout ce qu'il aura apporté.

Que décider quant aux risques? La perte totale sera supportée par l'acheteur. En effet, le vendeur se gardera bien de demander la résolution de la vente; il poursuivra, au contraire, le paiement du prix, l'exécution du contrat. Il en sera de même de la perte partielle, à moins que le vendeur n'ait intérêt à reprendre sa chose, même détériorée; en ce cas, les détériorations seront à sa charge,

sauf celles qui proviendront du fait ou de la faute de l'a-
chéteur.

D'ordinaire, les parties inséraient dans le contrat certaines clauses dont voici les principales. A défaut de
paiement au temps fixé, l'acheteur s'obligeait non-seulement à subir la résolution, mais encore à perdre ses
arrhes et même ses à-comptes. Il s'engageait encore, au
cas de revente de l'objet pour un prix inférieur à celui de
la première vente, à payer la différence au vendeur (1).
Cujas cite d'autres clauses fort usitées qu'il est superflu de
rapporter ici : l'action *ex vendito* en garantissait l'exécution.

§ II.

Ses effets à l'égard des tiers.

La doctrine nouvelle du retour de la propriété *ipso jure*
par l'effet seul de l'accomplissement de la condition résolutoire était certainement un progrès, si l'on considère les
effets produits *inter partes :* elle était plus protectrice des
droits de celui qui avait livré à crédit. Mais si l'on envisage les effets produits à l'égard des tiers, on la trouve
moins favorable que l'action personnelle aux intérêts de
ces derniers. En effet, dans le principe, la *lex commis-*

(1) L. 4, § 3, h. t.

4

sorta ne leur était pas opposable. D'une part, le vendeur n'avait qu'une action personnelle, l'action *ex vendito*, pour obtenir l'exécution du pacte. D'autre part, il n'existait aucun mode de publicité pour porter à la connaissance des tiers la résolution qui menaçait la propriété de l'acheteur : ceux-ci, par conséquent, ne pouvaient pas, sans injustice, être frappés dans leurs plus légitimes espérances à cause de la mauvaise foi de l'acheteur. — Plus tard, avec le système préparé par Marcellus, Scœvola, Ulpien, et définitivement adopté par Justinien, les intérêts des tiers furent sacrifiés à ceux du vendeur. Comme par le passé, ils ne furent nullement avertis de l'existence du pacte commissoire, et cependant par le seul événement de la condition, leurs droits furent anéantis avec la propriété de l'acheteur. Ainsi donc l'ancien système convenait mieux aux Romains, chez qui les charges foncières étaient occultes. Les principes posés par l'école d'Ulpien étaient plus en harmonie, c'est vrai, avec le progrès des idées juridiques. Mais ils n'auraient pu produire des résultats heureux que dans une législation qui aurait cherché à sauvegarder les transactions et aurait veillé à l'intérêt des tiers par un système de publicité largement développé.

CHAPITRE V.

CAS D'EXTINCTION DE LA *lex commissoria.*

Elle s'éteint dans les deux cas suivants :

1° Lorsque le vendeur y a renoncé expressément ou tacitement.

2° Lorsque le défaut de paiement du prix n'est pas imputable à l'acheteur.

1° La loi 3 de notre titre parle de la renonciation expresse : *Legem commissoriam, si volet, venditor exercebit : non etiam invitus.*

Si à l'expiration du terme le vendeur demande ou reçoit une partie du prix, il renonce tacitement au bénéfice du pacte. Son option pour le maintien du contrat lui enlève le droit de poursuivre la résolution de la vente.

2° Le défaut de paiement du prix n'est pas imputable à l'acheteur.

Ainsi le vendeur n'a pas donné à l'acheteur les sûretés qu'il lui avait promises pour le garantir en cas d'éviction ; en ce cas, celui-ci est en droit de refuser de payer le prix, et son refus ne lui fait pas encourir le pacte commissoire. Il est, en effet très-équitable que l'acheteur soit dispensé de remplir ses engagements, puisque le vendeur ne remplit pas les siens (1).

L'acheteur n'a pas non plus à redouter la résolution de la vente si le vendeur a refusé *sine justa causa* de recevoir le prix (2), ou si, s'étant absenté sans laisser de mandataire, il a mis l'acheteur dans l'impossibilité d'effectuer le paiement (3). Toutefois l'acheteur doit se tenir prêt à payer à première réquisition : il s'expose autrement à encourir la *lex commissoria;* si cependant il était prouvé que le vendeur n'a refusé le prix au moment où il lui était offert que pour pouvoir le réclamer quand il saurait l'acheteur hors d'état de le payer, celui-ci serait encore à l'abri de la résolution (4).

Mais faut-il que les offres faites par l'acheteur soient suivies de consignation ?

Des commentateurs le soutiennent en se fondant sur la loi 7, c. 4, 54, *de pact. inter empt...* où il est dit que si l'acheteur ne veut pas recevoir le paiement, le vendeur triomphera de cette résistance par des offres suivies de consignation. Cette opinion ne nous paraît pas fondée. Elle conclut à tort, selon nous, du pacte de *retrovendendo* à la *lex commissoria;* autre chose est la situation du vendeur qui veut exercer le réméré, autre chose est celle de l'acheteur qui veut échapper au pacte commissoire : l'un tend à la résolution, l'autre au maintien du contrat ; par conséquent, on ne doit pas s'étonner de voir que la loi se

(1) L. 10, § 1, D. 18, 5, *De rescind, vend.*
(2) L. 72, D. 46, 3, *De solut.*
(3) L. 4, § 4, h. t.
(4) L. 51, § 1, *in fine*, D. 19, 1. *De act. empti et venditi.*

montre sévère pour le premier en exigeant de lui des offres suivies de consignation, tandis qu'elle favorise le second en lui permettant de se libérer par des offres pures et simples. Du reste, le fragment 8 de notre titre ne parle nullement de la nécessité de la consignation telle qu'elle est décrite dans la loi 19, C. 4, 52, *de usuris*: *«consignatam « in publico depone. »*

Enfin, si l'obstacle mis au paiement résulte d'une opposition faite entre les mains de l'acheteur par un créancier du vendeur, celui-là se trouve encore à l'abri de la *lex commissoria.* (1).

DE L'ACTION EN RÉSOLUTION

DANS L'ANCIEN DROIT.

Dans les pays de Droit écrit, nous trouvons en vigueur les règles que nous venons d'étudier. Il convient pourtant de remarquer que, contrairement à ce que nous avons admis en Droit Romain, l'échéance du terme créait une sorte de mise en demeure du vendeur. La *lex commissoria* produisait bien son effet *ipso jure* par la seule expiration du terme; mais le vendeur devait, dans un certain délai laissé à l'appréciation des tribunaux, opter entre le maintien et la résolution de la vente (2), sans quoi, l'acheteur pouvait, en payant le prix, échapper au pacte commissoire. Le Parlement de Toulouse allait même plus

(1) L. 8, h. t.
(2) Despeisses, t. 1, tit. 1, sect. 6.

loin : il était plus favorable encore à l'acheteur; il lui
permettait de purger sa demeure *celeri prœstatione*
pendant le délai laissé au vendeur pour se prononcer (1).

Dans les pays de Droit coutumier, « les clauses réso-
« lutoires ne passent que pour peines comminatoires :
« elles n'ont pas pour effet de résoudre d'abord et de
« plein droit le contrat auquel elles ont été apposées par
« le défaut d'y satisfaire. Il faut le faire prononcer en
« justice (2). » Ainsi la *lex commissoria* n'est plus encourue *ipso jure* par la seule expiration du terme. La
vente n'est anéantie que par le jugement qui en prononce
la résolution. Mornac, sur la loi 2, C., *De jure emphy-
teutico*, p. 349, dit : *Legem commissoriam non obti-
nere in Gallia, nisi post acceptum judicium*, et à l'appui, il rapporte un jugement du 19 décembre 1614. Pothier signale aussi cette importante modification dans son
Traité de la vente, n° 459 : « Selon notre jurisprudence,
« le pacte commissoire n'opère pas de plein droit la réso-
« lution du contrat par défaut de paiement dans le temps
« limité : il donne seulement au vendeur, en ce cas, une
« action pour demander la résolution du contrat qui n'est
« opérée, au moins irrévocablement, que par la sentence
« qui, en cette action, déclare le contrat nul et résolu,
« faute par l'acheteur d'avoir payé. L'acheteur peut donc,
« jusqu'à ce que la sentence soit intervenue, quoique
« après l'expiration du terme, empêcher la résolution du
« contrat par ses offres. »

---

(1) Catelan, liv. 5, chap. 20.
(2) Ferrière, *Diction. de pratique.*

A côté de cette modification si favorable à l'acheteur,
nous trouvons dans Domat une innovation considérable
au profit du vendeur. Il n'est plus nécessaire que le pacte
commissoire soit formellement exprimé; il est toujours
sous-entendu. C'est l'origine du principe déposé dans
l'art. 1184 de notre Code. « Quoiqu'il n'y ait pas de
« clause résolutoire, faute de payer au terme et d'exécu-
« ter certaines conventions, la vente ne laissera pas d'être
« résolue, si le défaut du paiement du prix ou l'inexécu-
« tion y donne lieu après le délai, selon les circonstan-
« ces ; car les contractants ne veulent que le contrat sub-
« siste qu'en cas que chacun exécute son engage-
« ment (1). » Pothier, dans son *Traité de la vente*,
nº 475, exprime cette nouvelle théorie dans les termes
suivants : « Comme le plus souvent on ne peut, sans
« grands frais, se faire payer de ses débiteurs, on a
« été obligé de se déporter dans les tribunaux de la ri-
« gueur des principes, et l'on admet un vendeur à de-
« mander la résolution du contrat de vente pour cause
« de défaut de paiement du prix, quoiqu'il n'y ait pas de
pacte commissoire. »

Dès lors, il semble qu'il n'y eût plus aucun intérêt à
insérer ce pacte, puisqu'il fût désormais tacitement
compris dans le contrat de vente; cependant dans le
même numéro de son traité de la vente, Pothier fait
ressortir de la manière suivante l'utilité de son insertion : « Lorsqu'il y a un pacte commissoire, le juge, sur

(1) Donat, *Lois civiles dans leur ordre naturel,* liv. 1, tit. 2. sect. 12, articles 12, 13.

« la demande donnée après l'expiration du temps porté par
« le pacte, doit prononcer d'abord la résolution du contrat
« et permettre au vendeur de rentrer en possession de
« la chose vendue, au lieu que, lorsqu'il n'y a pas
« de pacte commissoire, le juge, sur la demande du
« vendeur, rend une première sentence, par laquelle il
« fixe un certain temps qui est laissé à son arbitrage, dans
« lequel il ordonne que l'acheteur sera tenu de payer :
« passé lequel temps, il sera permis au vendeur de ren-
« trer en possession de là chose vendue ; et si l'acheteur
« ne paie pas dans ledit temps, le vendeur après l'expi-
« ration du temps doit obtenir une seconde sentence
« qui, faute par l'acheteur d'avoir satisfait à la première,
« déclarera le contrat de vente nul et résolu, et permettra
« au vendeur de rentrer en possession. » Mais cette opinion n'était pas admise par tous nos anciens auteurs.
Ainsi Bourjon, sur la coutume de Paris, L. I, tit. 14,
chap. 9, n° 2, *in fine* est d'un avis contraire : d'après
lui, le juge accordait toujours un délai à l'acheteur, qu'il
y ait eu ou non pacte commissoire : « En Droit Romain,
« le défaut de paiement dans le temps fixé opère résolu-
« tion, mais parmi nous, on accorde un nouveau délai.
« Je l'ai toujours vu pratiquer ainsi au Châtelet, usage
« équitable et préférable à la rigueur du Droit Romain,
« qui était peu politique. »

Avant de terminer ce rapide aperçu des règles de l'ancien Droit, nous devons constater que la résolution de la
vente pour défaut de paiement du prix avait un effet
rétroactif au jour du contrat. Il en résultait que tous les
droits réels consentis par l'acheteur *pendente conditione*

s'évanouissaient avec la vente, *resoluto jure dantis resol-*
vitur jus accipientis. « Les hypothèques du chef de l'acqué-
« reur, dit Bourjon (t. I, sect. 5) sont toutes effacées, ses
« créanciers ne pouvant avoir plus de droit que lui. » Pothier
exprime la même idée dans le n° 464 de son traité de
« la vente : L'action en résolution est personnelle réelle,
« et, peut-être intentée contre les tiers détenteurs ; car
« le vendeur n'ayant aliéné l'héritage qu'aux charges por-
« tées par son contrat, en aliénant l'héritage il l'a affecté à
« l'exécution des obligations que l'acheteur a contractées
« envers lui par ce contrat. »

DROIT FRANÇAIS

—

De l'action en résolution de la vente pour défaut de paiement du prix.

« Si l'acheteur ne paie pas le prix, le vendeur peut demander la résolution de la vente. » L'art. 1654, qui pose ce principe, n'est que l'application spéciale à la vente d'une théorie générale que nous trouvons nettement formulée dans l'art. 1184 : la condition résolutoire est toujours sous-entendue dans les contrats synallagmatiques, pour le cas où l'une des deux parties ne satisfera point à son engagement. Dans ce cas, le contrat n'est point résolu de plein droit..... la résolution doit être demandée en justice... » Ainsi *en général*, le pacte commissoire n'opère pas de plein droit : il ne produit

son effet qu'en vertu du jugement qui déclare la vente
résolue. Nous disons *en général* parce qu'on a voulu
trouver une exception à ce principe dans l'art. 1912,
premier alinéa, lorsque le débiteur d'une rente constituée
en perpétuel, sous l'empire du Code bien entendu (1),
cesse de remplir ses obligations pendant deux années à
partir du contrat. Alors, en effet, le droit au remboursement est acquis au créancier par le fait seul du défaut de
paiement des arrérages, sans qu'il soit besoin de sommation. Mais c'est à tort, selon nous, que M. Duranton,
t. XVII, p. 619, a vu dans cet article la consécration
de la maxime : *Dies interpellat pro homine* : car il s'a-
git moins de prononcer la résolution du contrat de constitution de rente que de relever le créancier de la renonciation conditionnelle par lui faite à la faculté d'exiger
son remboursement (2).

La plupart des auteurs limitent même la disposition
de l'art. 1184 au pacte commissoire tacite, en argumen-
tant *à contrario* des mots *dans ce cas* du second alinéa,
et soumettent le pacte commissoire exprès aux règles de
la condition résolutoire de l'art. 1183. Cette restriction
nous paraît violer le principe que les conventions obli-
gent, non-seulement à ce qui y est exprimé, mais encore
à toutes les suites que la loi donne à l'obligation d'après
sa nature, puisqu'elle accorde à la volonté expresse des
parties plus de force qu'à leur volonté légalement présumée. Du reste, le rapprochement des deux premiers

(1) *Zach. Anbry et Rau*, § 30, note 49.
(2) *Zach. Aubry et Rau*, § 308, note 7.

alinéas de l'art. 1184, nous prouve que le législateur, par les mots *en ce cas*, n'a pas voulu distinguer le pacte commissoire exprès du pacte commissoire tacite, mais bien la condition résolutoire proprement dite du pacte commissoire quel qu'il soit (1).

Notre opinion se fortifie encore des termes généraux des art. 1654 et 1655, qui visent la résolution judiciaire, et de la disposition toute exceptionnelle de l'art. 1657. Le Code s'éloigne donc des principes rigoureux du Droit Romain : l'insertion du pacte commissoire dans la vente est impuissante à opérer la résolution de plein droit ; elle enlève seulement au juge la faculté d'accorder un délai à l'acheteur qui n'a pas payé le prix sur la sommation qui lui a été faite. (Art. 1656).

(1) Dalloz, *Obligations. Exposé des motifs*, 24, § 51.

CARACTÈRES GÉNÉRAUX.

CHAPITRE I.

Comment se réalise l'action en résolution.

Le vendeur peut demander la résolution de la vente, si l'acheteur ne paie pas le prix, peu importe que ce soit la totalité ou une minime partie du prix qui ne soit pas payée. M. Troplong, n° 642, enseigne que, dans ce dernier cas, la résolution peut même être demandée pour le tout. Mais il peut arriver que le prix, au lieu d'être un capital exigible, consiste en une rente perpétuelle ou viagère.

S'il consiste en une rente perpétuelle, le vendeur peut faire résoudre la vente pour défaut de paiement des arrérages, sans avoir besoin d'attendre que le service des arrérages ait cessé pendant deux années; et il le peut, non-seulement dans le cas où la rente a été stipulée directement, mais encore lorsqu'elle l'a été après indication d'un prix déterminé : car nous ne rencontrons pas dans cette dernière hypothèse les caractères de la novation par changement d'objet; nous n'y voyons qu'une modification de la dette quant au paiement (1).

(1) Contra. Duranton, tom. 16, n° 370.

Si au contraire, il consistait primitivement en un capital exigible, converti par une convention ultérieure en
une rente perpétuelle sans réserve de l'action résolutoire,
le vendeur ne pourrait plus demander la résolution pour
défaut de paiement des arrérages : il aurait droit seulement au remboursement du capital de la rente, si toutefois ce défaut de paiement avait duré deux ans. En effet,
d'une part, en consentant à la conversion, il a montré
clairement son *animus novandi* : d'autre part, n'ayant
fait aucune réserve, il a tacitement renoncé aux priviléges
attachés à la créance primitive.

Ferons-nous les mêmes distinctions au cas où le prix
consistera en une rente viagère? Non : l'art. 1978 dit
formellement que le seul défaut de paiement des arrérages de la rente n'autorise point celui en faveur de qui
elle est constituée à demander le remboursement du capital ou à rentrer *dans le fonds par lui aliéné* : il n'a
que le droit de saisir et de faire vendre les biens de son
débiteur et de faire ordonner ou consentir sur le produit
de la vente l'emploi d'une somme suffisante pour le
service des arrérages.

La solution sera la même si la vente a été faite tout à
la fois, moyennant une somme d'argent et une rente viagère : en cas de non paiement des arrérages, le vendeur
n'aura que la ressource de l'expropriation.

L'acceptation sans réserves de billets en paiement du
prix de vente éteint-elle l'action en résolution? En d'autres termes, cette acceptation opère-t-elle novation? En
principe, la novation ne se présume jamais : il faut
que la volonté de l'opérer résulte clairement de l'acte

(Art. 1273). Or, peut-on induire cette intention de la
création de billets au lieu et place du paiement effectif?
On le pourrait, en disant que le vendeur a voulu substi-
tuer à sa créance primitive une nouvelle créance munie
de garanties particulières; mais on serait en contradiction avec le principe écrit dans l'art. 1273 puisque rien
dans l'acte de vente, rien dans les circonstances qui l'ont
accompagné n'indique chez le vendeur l'intention de
nover. Pourquoi ne penserait-on pas plutôt que par ce
réglement par billets, les parties ont seulement voulu modifier le mode du paiement? MM. Aubry et Rau sur
Zachariæ, t. III, § 324, note 21, partagent cette opinion :
« Une jurisprudence à peu près constante admet avec
« raison que l'acceptation même sans réserves de billets
« négociables souscrits en paiement d'une dette antérieure
« n'emporte point en général extinction de cette dette.
« Cette acceptation, subordonnée à l'encaissement des
« billets, ne constitue qu'un mode de paiement. » Il est,
en effet, plus conforme à la loi, en l'absence de toute
clause ou circonstance d'où l'on puisse induire l'*animus
novandi*, de penser que le vendeur, sans vouloir étein-
dre la première créance, a accepté des effets de commerce dans le seul but de mieux assurer ou de se procu-
rer plus rapidement le paiement du prix de la vente par
la négociation desdits effets.

Bien plus, nous croyons que, si en acceptant les billets, le vendeur a donné quittance à l'acheteur purement
et simplement bien entendu, il n'aura pas par cela
même perdu son action en résolution. M. Troplong, au
numéro 199 bis de son livre des hypothèques, nous en

donne la raison : « quoiqu'il y ait des arrêts assez nom-
« breux qui ont décidé que la dation de billets opère une
« libération et conduit à fin le contrat de vente, on ne
« doit pas les suivre et il faut se ranger à l'opinion beau-
« coup plus juridique, qui veut que le paiement en billets
« soit toujours subordonné à la condition de l'encaisse-
« ment. C'est ce qu'ont décidé plusieurs arrêts : Cassation,
« 19 août 1811, Rouen, 2 avril 1811, Cassation, 6 novem-
« bre 1823, Rouen, 4 janvier 1825, Cassation, 25 jan-
« vier 1826, parmi lesquels je citerai un arrêt de la Cour
« de Nancy, du 4 janvier 1827, rendu après une discus-
« sion approfondie et sur mes conclusions conformes. Il
« est clair, que *le créancier qui reçoit un pareil paie-*
« *ment, n'entend donner quittance qu'à la charge que*
« *les billets seront payés à l'échéance.* La novation ne
« se suppose pas ; et pour y arriver, il ne faut pas surtout
« fausser la pensée des parties contractantes. »

Du reste, aujourd'hui la jurisprudence est à peu-près
fixée dans le sens de notre opinion : nous pouvons citer
plusieurs arrêts à l'appui : Gand, 26 mars 1833, Toulouse,
22 février 1840, Cassation, 22 juin 1841 ; Voici les considérants de ce dernier arrêt : « Vu les articles 1184, 1271
« et 1654, attendu que la novation ne se présume point... ;
« attendu qu'il a été stipulé dans le contrat de vente que
« le prix serait payable par moitié en deux effets souscrits
« à l'instant ; que moyennant ces effets, il a été donné
« quittance à l'acheteur : qu'on ne saurait induire de ces
« dernières circonstances que le vendeur ait entendu
« renoncer au droit, qu'il tient de la loi, de demander
« la résolution de la vente en cas de non paiement du

« prix ; qu'elles ne sont point constitutives d'une créance
« nouvelle et n'opèrent point l'extinction d'une créance
« ancienne ; qu'elles ne sont relatives qu'au mode de
« paiement du prix de la vente..... Casse. » L'affaire fut
renvoyée le 6 septembre 1842 devant la Cour d'Orléans,
qui se prononça dans le même sens.

Le défaut de paiement des frais d'acte, d'enregistrement
et de transcription dont le vendeur a fait l'avance à l'acquéreur, donne-t-il lieu à l'action en résolution ? L'affirmative est soutenue par MM. Grenier, t. 2, numéro 584,
et Troplong, t. 1, numéro 220, hypothèques. D'après ces
auteurs, ces frais sont des accessoires du prix « attendu
« que leur acquittement, laissé au compte de l'acquéreur
« et leur importance présumée ont été pris en considéra-
« tion pour la fixation du principal. » Cependant, nous ne
partageons pas cette opinion : nous entendons par prix
ce que le vendeur reçoit en indemnité de ce qu'il livre et
non en indemnité de ce qu'il paie au fisc. En un mot, le
prix est la somme représentative de la valeur de l'objet
vendu. M. Persil, en traitant du privilége immobilier du
vendeur art. 2103, § 1, dit, que le paiement du prix seulement et non celui de toutes les autres créances, même de
celles qui seraient occasionnées par la vente, ne jouissent pas
du privilége. Du reste, il est de jurisprudence à peu-près
constante que ces frais ne doivent pas être considérés
comme faisant partie du prix. Nous pouvons citer en ce
sens un arrêt de la Cour de Colmar, du 5 août 1849, et un
autre de la Cour de Caen, du 7 juin 1857 : « Considérant,
qu'on ne peut considérer comme faisant partie du prix de
manière à avoir le privilége foncier et le droit de résolu-

tion, ce qui doit être remboursé pour les droits d'enregistrement et frais d'actes. »

A partir de quel moment l'acheteur ne peut-il plus se
soustraire à la résolution de la vente en offrant de payer
le prix ? Il faut distinguer le pacte commissoire tacite du
pacte commissoire exprès.

Dans le premier cas, soit que les parties aient fixé un
terme pour le paiement, soit qu'elles n'en aient pas fixé,
le vendeur doit sommer l'acheteur de payer; si cette sommation reste infructueuse, il s'adressera à la justice ; nous
savons, en effet, que le contrat tient toujours, tant qu'un
jugement n'en a pas prononcé la résolution. L'acheteur
pourra donc encore payer après que le tribunal aura été
saisi de la demande. Bien plus, s'il est établi qu'il est
malheureux et de bonne foi, le juge pourra lui accorder
un délai plus ou moins long pour le paiement, pourvu
toutefois que le vendeur ne soit pas en danger de perdre
la chose et le prix. (Art. 1184, 1655.) Si au contraire
ce danger menace le vendeur, si l'acheteur fait subir à
l'immeuble des dégradations considérables, ou, en supposant une vente mobilière, est sur le point de vendre le
meuble à un tiers de bonne foi, le juge doit immédiatement prononcer la résolution.

Quelques auteurs se sont appuyés sur l'art. 1655, qui
ne parle que des ventes immobilières, pour enlever au
juge dans les ventes mobilières la faculté d'accorder un
délai à l'acheteur. Nous repoussons cette opinion. Nous
croyons que le législateur ne s'est préoccupé dans cet article que *de eo quod plerumque fit ;* car, il arrivera
presque toujours que le vendeur d'effets mobiliers non

payés sera en danger de perdre la chose et le prix. Mais si, en fait, ce danger n'existait pas, nous pensons qu'un délai pourrait être accordé en vertu de l'article 1184, dont la disposition est générale et absolue. Mais le terme de grâce expiré sans que l'acheteur ait rempli son obligation, le juge doit nécessairement prononcer la résolution; il n'a plus la faculté d'accorder un nouveau délai.

A ce propos, on s'est demandé si l'acheteur pourrait offrir valablement de payer le prix après l'expiration du terme de grâce, mais avant que le second jugement fût rendu. Nous pensons qu'il peut encore utilement payer, puisque la vente ne sera résolue que par le jugement. Le dernier alinéa de l'art. 1655 n'est pas contraire à notre opinion; il a seulement pour objet de défendre au juge de concéder un second délai à l'acheteur.

Le pacte commissoire a été inséré dans le contrat. Voyons en quoi les pouvoirs du juge peuvent être modifiés.

1° La vente porte que, faute de paiement au terme convenu, elle sera résolue de plein droit.

Malgré cette clause, le vendeur devra mettre l'acheteur en demeure par une sommation; mais si sur cette sommation celui-ci ne paie pas, il n'est plus permis au juge de différer la résolution par un délai de grâce. Pour être logique et conforme à l'intention des parties, la loi aurait dû décider que le pacte commissoire serait encouru de plein droit par l'échéance du terme sans aucune sommation. Mais elle a craint d'être trop sévère en conservant l'application de la maxime : *Dies interpellat pro homine.* Elle a pensé avec raison qu'en présence de l'inaction du vendeur, l'acheteur s'endormirait dans une fausse confiance et qu'il était nécessaire de l'avertir par une sommation.

Mais la sommation non suivie de paiement donne-t-elle au vendeur un droit acquis à la résolution ? La négative résulte des derniers mots de l'art. 1686 : « Après cette sommation, le juge ne peut pas lui accorder de délai. » Si l'acheteur ne pouvait plus payer utilement, à quoi bon nous dire que le juge ne peut plus lui accorder de délai? Comment en aurait-il besoin, lui qui a offert de payer le prix avant même que le tribunal ne fût saisi de la demande en résolution? Du reste, le système contraire est d'autant moins admissible qu'il enlève à la sommation toute l'utilité que la loi a voulu lui faire produire. Au lieu d'être une ressource pour l'acheteur, elle devient une arme contre lui; elle n'a plus pour objet de l'avertir que le vendeur va user du droit de résolution dans toute sa rigueur : elle crée une déchéance contre lui. En effet, le vendeur, à qui la vente ne présentera aucun avantage, choisira l'époque où il saura l'acheteur absent pour lui faire faire sommation, et par ce moyen frauduleux celui-ci subira, malgré sa bonne foi, la résolution d'un contrat qui lui est peut-être fort avantageux. Certes, le législateur n'a pas voulu consacrer un pareil résultat : il eût bien mieux valu qu'il n'exigeât pas de sommation; au moins l'acheteur n'en eût pas été victime. Aussi pensons-nous que le paiement peut être utilement fait jusqu'au jugement, le pacte commissoire exprès n'ayant d'autre effet que celui d'enlever au juge la faculté de lui accorder un délai.

L'art. 1656, en ne paraissant s'occuper que des ventes immobilières, a conduit certains auteurs à prétendre qu'aucune sommation n'était nécessaire dans les ventes mobilières (1). Nous ne saurions accepter cette restriction ; car il serait bien étonnant que la loi eût pris le soin de nous dire dans l'art. 1657, que la résolution aurait lieu de plein droit et sans sommation après l'expiration du terme convenu pour le retirement, s'il en eût été de même dans le cas de résolution pour défaut de paiement du prix :

2° La vente porte que, faute de paiement au terme convenu, elle sera résolue par la seule échéance, et sans qu'il y ait besoin de sommation.

Nous n'attribuerons pas plus d'effets à cette clause qu'à la précédente : l'acheteur pourra payer tant qu'il n'aura pas été mis en demeure par une sommation et même jusqu'au jugement qui prononcera la résolution. Si on nous reproche d'anéantir la volonté des parties, d'abroger la disposition formelle de l'article 1139, nous répondrons que, si l'addition de ces mots, *sans qu'il y ait besoin de sommation*, pouvait modifier aussi profondément les effets du pacte commissoire, elle deviendrait de style dans les contrats de vente et partant la maxime, *Dies interpellat pro homine*, serait remise en vigueur. Or, la loi a voulu certainement l'abroger, puisqu'elle l'a maintenue exceptionnellement dans l'art. 1657, qui dispose qu'en matière de vente de denrées et effets mobiliers, la résolution de la vente aura lieu de plein droit et sans sommation au pro-

(1) M. Troplong, n° 667 ; M. Duvergier, t. 4, n° 461.

fit du vendeur, après l'expiration du terme convenu pour
le retirement. Cette dérogation au droit commun se justifie
par des raisons toutes spéciales. Les denrées et effets
mobiliers ne circulent pas toujours dans le commerce
avec le même avantage : ils sont sujets à se détériorer en
peu de temps et à éprouver des variations fréquentes dans
leur valeur ; le moindre retard peut faire éprouver au vendeur un préjudice considérable. Pour le prévenir, le législateur a maintenu dans ce cas particulier la résolution de
plein droit et sans sommation préalable.

CHAPITRE II.

L'action en résolution peut être intentée :

1° Par le vendeur ; c'est ici le cas d'appliquer l'art. 1220 : l'action en résolution, quoique divisible de sa nature, sera exécutée entre le vendeur et l'acheteur comme si elle était indivisible. — Ou par les co-vendeurs ; mais chacun d'eux ne pourra l'intenter que pour la part qu'il avait dans la vente, art. 1668.

2° Par les héritiers du vendeur : par un argument d'analogie semblable au précédent, chacun d'eux ne pourra user de cette action que pour la part qu'il prendra dans la succession, art. 1669.

3° Par le cessionnaire de tout ou partie du prix. L'art. 1692 dit : « la vente ou cession d'une créance comprend les accessoires de la créance, tels que caution, privilèges et hypothèques. » L'action en résolution est-elle un accessoire de la créance ? M. Marcadé ne le pense pas : « Le droit de résolution du vendeur, quoi-qu'il soit aussi, en dehors de son but direct, un moyen de plus d'obtenir le paiement de la créance, n'est point un accessoire de cette créance. La de-

mande en résolution implique et présuppose la renonciation au droit de demander palement, la renonciation à la créance : Or, un droit qui ne peut exister
tant qu'existe un autre droit, ne peut certes pas être
l'accessoire de celui-ci. » Cet argument n'est pas sérieux ;
il est d'autant plus inexact de dire que l'action en
résolution n'est pas un accessoire de la créance, qu'elle
est le moyen de la faire valoir. Or, quel est l'accessoire
d'une créance qui ne présente pas ce caractère. L'action
en dommages-intérêts tend-elle à faire exécuter le contrat ?
Non, et cependant elle en est un accessoire. Du reste,
l'article 2112 ne dit-il pas formellement que le cessionnaire d'une créance exerce les mêmes droits que le cédant.

Étendrons-nous à notre matière la disposition de l'article 1670, comme nous l'avons fait des articles 1668 et
1669? Lorsqu'il y aura plusieurs co-vendeurs ou lorsque
le vendeur sera représenté par plusieurs héritiers ou ces-
sionnaires, l'acheteur, actionné en résolution par l'un
d'eux, pourra-t-il exiger que les autres soient mis en cause,
afin de se concilier entre eux pour la reprise de l'héritage
entier et s'ils ne se concilient pas, sera-t-il renvoyé de la
demande? Voici comment on a raisonné pour soutenir la
négative. Il n'y a aucune analogie, a-t-on dit, entre l'acheteur contre qui on exerce le réméré et celui contre qui on
exerce l'action en résolution : le premier est exempt de
faute et mérite la faveur de la loi ; le second doit à sa
négligence d'être poursuivi en justice : par conséquent il
n'a rien à attendre de la bonté du législateur. On ne peut
donc pas conclure du premier au second.

C'est une erreur : d'après l'article 1685, les règles de

l'action en réméré doivent être pareillement observées pour l'exercice de l'action en rescision. Or, celui, contre qui l'action en rescision est intentée, n'est pas plus digne d'égards que celui qui est poursuivi en résolution. Par conséquent, il nous est permis de raisonner par analogie de l'un à l'autre. En outre, les parties n'ont pas pu vouloir que la vente fut exécutée pour une partie et résolue pour l'autre. L'affirmative est donc plus conforme à la volonté des contractants; et nous croyons que l'acheteur a le droit sur la demande en résolution, de faire mettre en cause tous les co-vendeurs ou tous les représentants du vendeur.

4° Par les créanciers du vendeur en vertu de l'art. 1166.

5° Par le subrogé au vendeur (art. 1250, § 1).

L'action en résolution peut être intentée :

1° contre l'acheteur;

2° Contre ses héritiers : cette action est divisible entre eux, de sorte que le vendeur ne peut demander la résolution que pour leur part et portion; il peut même attaquer les uns sans attaquer les autres.

3° Contre les tiers qui ont acquis des droits réels sur l'objet vendu : car la propriété n'a passé dans leurs mains que modifiée par la charge existant au profit du vendeur originaire : « Nemo plus juris in alium transferre potest quam ipse habet. » Toutefois, nous devons excepter les tiers qui pourront opposer la maxime, « En fait de meubles possession vaut titre », ou la prescription s'il s'agit d'immeubles.

Le vendeur ne peut pas agir contre les tiers-acquéreurs avant d'avoir fait juger la question de résolution contre son acheteur, ou au moins sans le mettre en cause. Cependant, si le tiers-acquéreur s'est engagé par son contrat à payer le prix de la première vente, le vendeur originaire peut le poursuivre directement, attendu que par cet engagement, il est devenu son obligé personnel.

CHAPITRE III.

DANS QUELLES VENTES L'ACTION EN RÉSOLUTION PEUT-ELLE
AVOIR LIEU.

MM. Delvincourt, t. III, note 3, p. 79 et Duranton,
t. XVI, n° 380, pensent que la résolution n'est pas admise
dans les ventes de meubles. Cela ressort, disent-ils, des
termes de la loi elle-même : les art. 1655 et 1656
ne s'occupent que des ventes d'immeubles; tandis que
dans l'art. 1657, la loi a organisé, pour les ventes mobilières, un genre particulier de résolution, résultant du
défaut de retirement de la chose vendue au terme convenu. L'art. 2102, § 4, vient à l'appui de ce système,
puisqu'on y trouve réglementé le mode d'exercice de l'action en résolution pour les ventes d'effets mobiliers, dans
le cas où les effets ont été livrés à l'acheteur.

Cette opinion est inadmissible en présence des termes
généraux des art. 1184 et 1654, qui ne font aucune distinction entre la vente d'immeubles et la vente de meubles. A coup sûr, le législateur n'a pas voulu consacrer
une différence aussi radicale : il s'en serait formellement
expliqué. Tout à l'heure nous verrons que l'argument tiré
de l'art. 2102, § 4, ne peut pas se justifier. Ainsi donc,
les ventes de meubles sont soumises à l'action résolutoire
comme les ventes d'immeubles.

Que décider si le meuble vendu a perdu sa forme primitive, si sa substance a été altérée, si le bloc de marbre
est devenu statue? Nous pensons que la vente ne peut
plus être résolue, parce que la chose vendue n'existe plus,
la spécification devant être assimilée à la perte de la chose.

En sera-t-il de même si le meuble vendu est devenu
immeuble par destination? Non : ici l'action en résolution
pourra avoir lieu, parce que l'immobilisation n'a changé
que la destination, la qualité morale et non la substance
du meuble. L'article 593 du Code de Procédure civile, en
défendant de saisir-exécuter les immeubles par destination,
si ce n'est pour sommes dues aux fabricants ou vendeurs
desdits objets, prouve clairement que ces objets conser-
vent leur nature mobilière vis-à-vis du vendeur non payé.

L'action en résolution s'applique également aux ventes
de marchandises faites à un commerçant par un autre
commerçant, aux cessions de créances, en un mot à toutes
les ventes.

Signalons toutefois un mode d'exercice de cette action
spécial aux ventes qui ont lieu par voie d'adjudication.
« Faute par l'adjudicataire d'exécuter les clauses de l'adjudication, l'immeuble sera revendu à sa folle enchère »
art. 733, Code de Procédure. Il eût été trop dur d'impo-
ser aux personnes intéressées à la poursuite de la saisie,
c'est-à-dire au saisi, au poursuivant et aux créanciers
inscrits, l'obligation de recommencer contre l'adjudicataire, qui ne remplit pas ses engagements, les longues et
coûteuses formalités de la saisie : voilà pourquoi on a
créé la procédure de la revente sur folle enchère qui est
plus courte et bien moins dispendieuse.

La loi du 3 mai 1841, dans son article 18, proscrit l'action en résolution en matière d'expropriation pour cause d'utilité publique : « Les actions en résolution, en « revendication, et toutes autres actions réelles, ne pour... « ront arrêter l'expropriation ni en empêcher l'effet : le « droit des réclamants sera transporté sur le prix, et « l'immeuble en demeurera affranchi. »

L'action en résolution n'est admise en matière de licitation que lorsque l'adjudicataire est un étranger : alors seulement la licitation est considérée comme une véritable vente (1).

Nous allons successivement nous occuper de l'action en résolution dans les ventes de meubles, soit en matière civile, soit en matière commerciale et dans les ventes d'immeubles.

DE LA VENTE DES MEUBLES EN MATIÈRE CIVILE.

Nous avons vu dans le chapitre précédent, que quelques auteurs se refusent à appliquer à la vente d'effets mobiliers les principes généraux que nous avons admis touchant l'action en résolution. A cet effet, ils argumentent du paragraphe 4, de l'article 2102. Il va nous être facile de constater qu'il n'est nullement fondé.

Art. 2102, § 4. « Si la vente a été faite sans terme, le vendeur peut même revendiquer ces effets, tant qu'ils

(1) Nîmes, 2 août 1838.

sont en la possession de l'acheteur, et en empêcher la revente; pourvu que la revendication soit faite dans la huitaine de la livraison, et que les effets se trouvent dans le même état dans lequel cette livraison a été faite. »

Dans le système que nous combattons, cette action en revendication n'est pas autre chose que l'action en résolution appropriée à la vente d'effets mobiliers. Mais alors comment concilier cette action en résolution, qui est restreinte aux ventes sans terme et renfermée dans l'étroite limite de 8 jours, avec celle de l'article 1654, qui s'applique indifféremment aux ventes avec ou sans terme et qui dure 30 ans? Cette question divise les auteurs.

Suivant les uns, l'art. 2102, § 4, est aux ventes mobilières faites sans terme ce que l'art. 1654 est aux ventes immobilières, l'application du principe général déposé dans l'art. 1184. Nous ne pouvons pas admettre cette conciliation : il n'est pas permis de restreindre la portée de l'art. 1654 aux ventes immobilières, par cela seul que les art. 1655 et 1656 ne parlent que d'immeubles ; on devrait plutôt en conclure que cette disposition est générale et applicable à toutes les ventes mobilières ou immobilières.

D'autres disent que l'art. 2102, § 4, n'est que le complément de l'art. 1654. L'action en résolution organisée par celui-ci est *personnelle*, opposable à l'acheteur seul ; elle a lieu dans toutes les ventes à terme ou au comptant et dure trente années. Au contraire, celle de l'art. 2102, § 4, est *réelle*, opposable aux créanciers de l'acheteur : elle n'a lieu que dans les ventes au comptant et ne dure que huit jours à partir de la livraison.

Cette explication ne nous satisfait pas. En effet, il n'est pas possible que le législateur se soit montré aussi touché de l'intérêt des créanciers de l'acheteur dans un article exclusivement consacré à établir les droits du vendeur. Bien plus, s'il avait voulu leur faire une faveur, il n'aurait pas restreint seulement l'exercice de l'action en résolution de l'art. 1684; il aurait également restreint l'exercice du privilège qui, dans certains cas, peut être plus préjudiciable à leurs intérêts que l'action en résolution.

Enfin, une troisième interprétation, tout en maintenant l'art. 1684, voit dans l'action en revendication de l'art. 2102, § 4, une action en résolution subordonnée, quant à son exercice, à des conditions particulières.

Ainsi, lorsque la vente aura été faite sans terme, que l'objet vendu se trouvera encore dans le même état et en la possession de l'acheteur, et que le délai de huitaine ne sera pas expiré, la résolution aura lieu de plein droit, sans que le vendeur soit obligé de s'adresser à la justice pour faire anéantir le contrat. Il n'aura plus à craindre que l'acheteur obtienne un terme de grâce, et il pourra procéder par la voie expéditive de la saisie-revendication. (Art. 826, C. de Procédure civile.)

Cette interprétation n'est pas plus acceptable que les deux autres : elle est arbitraire et injuste dans ses résultats ; arbitraire, attendu qu'elle viole le principe général et absolu de l'article 1184, par lequel la résolution n'a jamais lieu de plein droit ; injuste dans ses résultats, puisque l'acheteur de l'art. 2102, § 4, est privé des avantages dont jouit celui de l'article 1684. Or, le pre-

mier aura été en général moins négligent que le second,
vu qu'il n'aura eu que huit jours pour remplir ses engagements, et cependant il ne pourra pas obtenir de délais
pour le paiement ou même payer jusqu'au jugement ; il
y a donc là une injustice qui condamne cette interprétation.

Pour nous, la revendication de l'article 2102, § 4 est
une revendication *sui generis ;* elle n'est point la revendication du propriétaire, puisque le vendeur a perdu son
droit de propriété par le seul effet de la convention ; elle
est la revendication du droit de rétention.

L'origine de cette disposition se trouve dans l'art. 176
de la coutume de Paris : « Qui vend aucune chose mo-
« biliaire sans jour et sans terme, espérant estre payé
« promptement, il peut sa chose poursuir en quelque
« lieu qu'elle soit transportée, pour estre payé du prix
« qu'il l'a vendue. » Que signifient ces mots, il peut sa
chose poursuir ? Dans notre ancien Droit, la propriété
passait du vendeur à l'acheteur par la seule tradition,
que le prix fût ou non payé. Ce droit de suite, *il peut sa
chose poursuir,* n'est donc pas l'action en revendication proprement dite, puisque le vendeur a cessé d'être
propriétaire par la tradition qu'il a faite de l'objet
vendu et que du reste en principe meubles n'ont pas de
suite. D'un autre côté, le vendeur ne demande pas la résolution de la vente : il veut seulement *estre payé du
prix.* Par conséquent, il poursuit sa chose pour en recouvrer la possession et exercer son droit de rétention.
Dumoulin dit, sur cet article, « que le vendeur intente
la revendication pour recouvrer la chose et en demeurer

saisi jusqu'à ce qu'il soit payé. » En un mot, tout en
maintenant le contrat, il veut empêcher la revente, qui
anéantirait et son privilége et son droit de résolution, et
pour cela il revendique la possession de sa chose. Ce droit
de suite avait été créé pour les marchands de vin en gros
de Paris et étendu bientôt après à toutes les corporations
et à toutes les marchandises. — Au xiv° siècle, nous le retrouvons admis pour tout vendeur dans l'article 104 des
Coutumes notoires de Jean Deymar, dont les termes sont
les mêmes que ceux de l'article 176 de la coutume de
Paris. Cependant cette origine a été contestée. Au xvi° siècle, certains jurisconsultes, désireux de tout expliquer
par le Droit Romain, ont vu dans l'article 176 l'application du paragraphe 41 de *Divis. rerum des Instituts.*
C'est une erreur. Ils ont confondu la revendication de la
possession avec l'action réelle proprement dite. A Rome,
la tradition ne suffisait pas pour opérer le transport de
la propriété : il fallait aussi que le prix fût payé. Jusqu'au
paiement du prix, la vente laissait le vendeur propriétaire ; dès lors on comprend que le vendeur non payé pût
exercer l'action en revendication. Au contraire, dans la
coutume de Paris, le vendeur n'est plus propriétaire : ce
n'est donc point la véritable action réelle qu'il intente;
c'est l'action en revendication de son droit de rétention.
D'ailleurs, le paragraphe 41 des *Instituts* est général et
s'applique à toutes les ventes, soit d'immeubles soit de
meubles, tandis que l'article 176 est spécial aux ventes
de meubles faites sans jour et sans terme. Le Code Napoléon a reproduit la disposition de la coutume de Paris ;
par suite, la revendication de l'article 2102, § 4, est,

comme autrefois, la revendication de la possession. Si
donc le vendeur, trop confiant dans la bonne foi de l'a-
cheteur, a renoncé au bénéfice de l'article 1612, il peut
revendiquer son droit de rétention sans toucher en rien
au contrat de vente, et par ce droit, stimuler l'acheteur à
payer le prix. Mais, remarquons qu'il ne jouit de cet
avantage qu'aux trois conditions suivantes; il faut :
1° que les objets soient encore en la possession de l'acheteur ; 2° qu'ils soient dans le même état ; 3° que la revendication soit faite dans la huitaine à partir de la
livraison. Tel est notre système; l'action en revendication de l'article 2102, § 4, est une faveur, une garantie
toute spéciale qui ne porte aucune atteinte à la géné-
ralité des dispositions des articles 1184 et 1654.

DE LA VENTE DES MEUBLES EN MATIÈRE COMMERCIALE.

L'art. 2102, § 4, dit dans son dernier alinéa qu'il n'est
rien innové aux lois et usages du commerce sur la revendication. Or, l'art. 550 du Code de Commerce déclare d'une
manière formelle que le privilège et le droit de revendication établis par le paragraphe 4, de l'article 2102, ne
sont point admis en cas de faillite et il garde le silence
sur l'action en résolution de l'article 1184. Que décider
quant à elle? Survit-elle à la faillite ou tombe-t-elle sous
le coup de l'article 550? M. Renouard, t. 2, p. 308, et
MM. Goujet et Merger, n° 868, pensent que le législateur
a voulu la proscrire comme l'action en revendication. Ces
deux actions, en effet, quoique présupposant deux faits

parfaitement distincts, se confondent dans leur résultat
qui est le retour de l'objet vendu dans les mains du vendeur. Cette volonté du législateur devient encore plus
manifeste, si on rapproche de l'article 550 les termes du
rapport présenté à la chambre des députés au nom de la
commission, par M. Quenault, le 17 mars 1838 : « Le com-
« merce doit applaudir à la disposition qui supprime, en
« cas de faillite, le privilège et le droit de revendication
« attribués par l'article 2102 au vendeur d'effets mobi-
« liers. Dans les relations commerciales, la confiance des
« tiers se mesure sur l'actif apparent qui consiste le plus
« souvent dans les biens mobiliers du débiteur. Cette
« confiance serait trompée, si l'exercice d'une reven-
« dication imprévue ou d'un privilége occulte, tel que
« celui du vendeur d'un fonds de commerce , venait
« tout à coup absorber un actif que les créanciers
« étaient fondés à considérer comme leur gage. » En
présence de ces motifs , il est difficile d'admettre que la
loi, qui a cherché à maintenir l'égalité entre les créanciers et à leur conserver intégralement l'actif, la base du
crédit du failli, ait voulu réserver l'action en résolution
tandis qu'elle a proscrit l'action en revendication. Certainement celle-là s'oppose davantage à la réalisation de
ce résultat, attendu que le vendeur peut obtenir par elle
pendant trente ans ce qu'il ne peut revendiquer que pendant huit jours. Il nous est donc permis de croire qu'en
prononçant la déchéance de l'action en revendication,
l'article 550, a prohibé implicitement l'action en résolution.

Quid juris, si les parties ont inséré le pacte commissoiré dans le contrat de vente? La solution sera identique, puisque nous reconnaissons dans cette hypothèse les mêmes motifs de proscription. Nous pouvons ajouter qu'il scrait dangereux de faire produire à la clause résolutoire expresse des effets plus étendus qu'à la résolution légale : car cette clause deviendrait de style et le vœu du législateur serait presque toujours annihilé. Du reste, dans la discussion du projet, un membre de la chambre proposa un amendement en faveur de la stipulation expresse de résolution et cet amendement fut repoussé par la reproduction de la pensée qui avait présidé à la rédaction de l'article 550.

Quelles garanties reste-t-il donc au vendeur d'effets mobiliers non payés? Il lui reste le droit de rétention de l'article 577 et le droit de revendication dont il est parlé dans l'article 576. La nature de ce dernier droit paraît au premier abord assez singulière : ce n'est pas l'action en revendication proprement dite, vu que le vendeur a cessé d'être propriétaire par le seul effet de la vente : ce n'est pas non plus la *vindicatio pignoris*, puisqu'elle est formellement prohibée en matière de faillite ; c'est l'action en résolution des articles 1184 et 1654, subordonnée dans son exercice aux conditions suivantes; il faut : 1° qu'il y ait eu vente et livraison ; 2° que le prix soit encore dû ; 3° que les marchandises ne soient pas entrées dans les magasins du failli ou de son commissionnaire ; 4° qu'avant leur arrivée, elles n'aient pas été revendues à un tiers de bonne foi sur facture et connaissements, ou sur une lettre de voiture signée par l'expéditeur; 5° que leur identité soit constante. Des raisons d'utilité pratique ont motivé ces conditions rigoureuses, Le crédit d'un commerçant ne repose le plus souvent que sur les marchandises qui garnissent ses magasins. Les tiers, qui ont traité avec lui, ont compté que ces marchandises leur serviraient de gage ; il est juste qu'ils ne soient pas trompés dans leur attente légitime par une action en revendication dont ils ignoraient l'existence.

Le vendeur, qui revendique, doit rendre l'actif de la faillite indemne de toutes sommes payées ou dues légitimement à l'occasion des marchandises. Il est en faute d'avoir vendu à crédit avant de prendre sur la position de son acheteur des informations sûres ; c'est donc à lui de supporter tous les frais faits à l'occasion de la chose vendue, tels que fret, voiture, commission, assurance, magasinage, réparations d'avaries provenues du vice propre de la marchandise, art. 576 dernier alinéa.

L'art. 578 donne aux syndics le moyen de paralyser le droit de rétention et l'action en revendication du vendeur : « Sous l'autorisation du juge-commissaire, les « syndics auront la faculté d'exiger la livraison des mar- « chandises en en payant au vendeur le prix convenu « entre lui et le failli. » Cette disposition sera très-avantageuse aux créanciers, si nous supposons que les marchandises puissent être revendues avec bénéfice : car ce bénéfice grossira l'actif de la faillite et partant le gage des créanciers.

DE LA VENTE DES IMMEUBLES.

Nature de l'action en résolution. — Compétence. — Jugement.

L'action en résolution est-elle personnelle, réelle ou mixte? Dans le Droit Romain, nous ne trouvons rien qui puisse nous éclairer sur sa nature : Il n'y avait pas à proprement parler d'action en résolution ; le pacte commissoire était encouru de plein droit et l'action, dont le vendeur était muni, ne lui servait qu'à demander l'exécution du pacte, c'est-à-dire à se faire remettre en possession de l'objet vendu.

Dans notre ancienne jurisprudence, la théorie romaine avait été profondément modifiée ; la résolution de la vente n'avait plus lieu de plein droit ; elle devait être prononcée en justice. Le contrat subsistait jusqu'au jugement, et l'acheteur pouvait se soustraire au pacte commissoire en payant le prix. Dès lors, il est facile de comprendre l'importance de l'action en résolution; aussi s'appliqua-t-on à rechercher ses caractères, à déterminer sa nature. Comptée au nombre des prétendues *actiones personales in rem scriptæ*, elle était généralement considérée comme une action mixte. Ainsi Loyseau dit dans son traité *du Déguerpissement*, Chap. 1 : « Sont mixtes les restitutions en entier, les actions révocatoires ou rescisoires d'aliénations d'immeubles. » Dans le § 122, de son petit Traité

de l'introduction générale aux coutumes, Pothier recon‑
naît, outre les trois actions *familiæ erciscundæ*, com‑
muni dividundo et *finium regundorum*, d'autres
actions mixtes, susceptibles par conséquent d'être portées
au choix du demandeur devant le juge de la situation
de l'immeuble ou devant le juge du domicile du défen‑
deur, et il donne pour exemples l'action en reméré, l'ac‑
tion en résolution et l'action en rescision pour vilité du
prix. Mais l'action en résolution est‑elle encore aujourd'hui
une action mixte? Nous le pensons : le silence, que nous trou‑
vons à ce sujet, soit dans l'exposé des motifs de M. Treilhard,
soit dans le discours de M. Faure, organe du Tribunat
au corps législatif, nous autorise à conclure que les rédac‑
teurs du Code de Procédure Civile ont voulu reproduire dans
l'art. 59, § 4, la doctrine de nos anciens auteurs.

La nature de cette action ainsi déterminée, quel sera
le juge compétent? Plaçons‑nous dans les deux hypothè‑
ses qui peuvent se présenter?

Ou l'immeuble est encore dans les mains de l'acheteur,
et dans ce cas, le vendeur peut à son gré porter son action
devant le tribunal de la situation ou devant celui du
domicile de l'acheteur.

Ou l'immeuble a été revendu et se trouve dans les
mains d'un tiers. Ici le vendeur peut procéder de deux
manières : ou faire prononcer la résolution de la vente
contre l'acheteur et poursuivre en revendication le tiers‑
détenteur, ou lier les deux instances à raison de leur con‑
nexité, c'est‑à‑dire réunir l'acheteur et le tiers détenteur
devant le même juge. Dans le premier cas, la revente n'a
pas modifié la nature de l'action en résolution qui est

restée mixte : elle a toujours pour objet le retour de la propriété sur la tête du vendeur. Celui-ci peut donc agir soit devant le tribunal de la situation, soit devant celui du domicile de l'acheteur. Quant à l'action en revendication, action essentiellement réelle, elle ne peut-être intentée que devant le tribunal de la situation de l'immeuble. Remarquons toutefois, qu'avant de poursuivre le tiers-acquéreur, le vendeur doit faire prononcer la résolution contre son acheteur. Cependant, si ce tiers s'était engagé par son contrat à payer le prix de la première vente, il pourrait être directement actionné par le vendeur primitif dont il serait devenu l'obligé personnel ; et alors comme à raison de cette obligation, l'action serait mixte de réelle qu'elle était, elle pourrait être portée ou devant le tribunal du domicile de ce tiers, ou devant celui de la situation. Dans le second cas, le vendeur peut agir à la fois contre son acheteur et le tiers-acquéreur, soit devant le tribunal du domicile de l'acheteur, soit devant celui de la situation de l'immeuble.

Portons à présent notre attention sur une question fort controversée et d'une importance pratique incontestable. La résolution amiable de la vente produit-elle le même effet que la résolution prononcée en justice ? Oui, disent certains auteurs ; il est de droit commun que toute personne peut acquiescer à la prétention qui est formée contre elle. De plus, quand le législateur a cru l'acquiescement dangereux, il l'a formellement proscrit ; c'est ainsi qu'il prohibe dans l'article 1443 la séparation de biens volontaire. Or, aucun texte ne défend à l'acheteur d'acquiescer à la demande en résolution du vendeur : les ar-

ticles 1184 et 1688 n'ont été écrits que pour protéger
l'acheteur, pour lui laisser la ressource d'obtenir du juge
un délai. En conséquence, il peut renoncer au bénéfice
de cette disposition, c'est-à-dire consentir amiablement à
la résolution de la vente. Si maintenant les tiers croient
que sous les apparences de cette résolution volontaire se
cache une rétrocession, ils attaqueront cet acte comme
fait en fraude de leurs droits. Ce système est en contradiction formelle avec les textes et avec l'esprit de la loi.
Les articles 1184 et 1688 prohibent expressément la résolution de plein droit. Or, dans quel but le législateur a-t-
il prescrit l'intervention de la justice? C'est-il seulement,
comme le disent nos adversaires, pour permettre à l'acheteur d'obtenir un terme de grâce? Non; ses vues ont été
plus élevées : il a trouvé dans un procès, dans les débats
qui préparent le jugement, une publicité propre à avertir les tiers qui ont acquis des droits réels sur l'immeuble
Avertis, ces tiers interviendront dans l'instance et pourront, s'il y a collusion entre le vendeur et l'acheteur,
déjouer la fraude et montrer que la demande en résolution déguise une rétrocession qui ne peut nuire à leurs
droits. Si cette collusion ne peut pas être prouvée, ils
désintéresseront le vendeur ou demanderont des délais
pour le paiement du prix. Du reste, l'art. 7 de la loi du
23 mars 1888 condamne la résolution de la vente par consentement mutuel. Pourquoi la mention du jugement qui
prononce la résolution d'un acte transcrit est-elle exigée
par cet article? Pour faire savoir aux tiers que l'acheteur a
cessé d'être propriétaire. Or, nos adversaires ne peuvent pas
appliquer cette sage disposition, puisque l'acte, qui cons-

tate l'acquiescement amiable, n'est pas un acte judiciaire. Leur système doit donc être rejeté.

Nous repoussons pour les mêmes motifs l'opinion de Toullier, qui admet la résolution volontaire lorsqu'elle a une cause légitime et nécessaire, et que les parties, en la faisant, n'ont eu en vue que d'éviter les frais d'un jugement.

CHAPITRE IV.

DES EFFETS DE L'ACTION EN RÉSOLUTION.

Nous étudierons ces effets à trois points de vue : 1° entre les parties ; 2° à l'égard des tiers ; 3° à l'égard de l'enregistrement.

§ I.

Entre les parties.

La résolution prononcée replace les parties dans le même état que si la vente n'avait jamais existé. L'acheteur cesse d'être propriétaire ; le vendeur est réputé n'avoir jamais cessé de l'être. Il en résulte que l'acheteur est tenu :

1° De restituer au vendeur la chose avec tous ses accessoires et accroissements et exempte de toutes les charges et hypothèques dont il l'aurait grevée, *resoluto jure dantis resolvitur jus accipientis.* (Art. 2125.) Cependant le vendeur doit exécuter les baux faits sans fraude par l'acheteur (Art. 1673, deuxième alinéa), pourvu que, par leur durée, ils n'empiètent pas sur le droit de propriété. Ainsi, d'après la loi du 23 mars 1855, tout bail qui dépasse dix-huit ans cesse d'être un acte d'administration.

2° Restituer les fruits perçus *pendente conditione*. Il n'y a pas de doute pour ceux qu'il a perçus depuis la demande. Mais à quel titre garderait-il ceux qu'il a perçus avant la demande? Ce n'est pas en qualité de possesseur de bonne foi; car il n'ignorait pas que son droit·fût révocable, et qu'à défaut de paiement du prix, la vente serait résolue rétroactivement. Ce n'est pas non plus en qualité de propriétaire, puisqu'il est réputé ne l'avoir jamais été. Il doit donc aussi les restituer.

3° Payer au vendeur les dommages-intérêts qui lui sont dûs à raison du préjudice que la résolution lui cause. Les tribunaux peuvent, à titre de dommages-intérêts, adjuger au vendeur les intérêts du prix (1).

4° Indemniser le vendeur de la perte ou des détériorations de la chose qui proviennent de son fait ou de sa faute. La perte et les détériorations arrivées par cas fortuit restent à sa charge. En effet, le vendeur, n'ayant aucun intérêt à demander la résolution, poursuivra l'exécution du contrat et gardera les à-comptes qu'il aura reçus.

Le vendeur doit de son côté :

1° Rembourser à l'acheteur les à-comptes et les intérêts de ces à-comptes à partir du jour où ils ont été payés. Il serait contraire à l'équité qu'il cumulât la jouissance

---

(1) Cour de cassation, 23 juillet 1834.

d'une portion du prix avec la jouissance de la chose vendue. Toutefois, le juge peut, à titre de dommages-intérêts, adjuger au vendeur les intérêts des à-comptes.

2° Rembourser les intérêts du prix par la même raison et les arrhes, vu qu'elles sont présumées, jusqu'à preuve contraire, être une avance sur le prix.

3° Indemniser l'acheteur intégralement des dépenses nécessaires qu'il a faites pour la conservation de la chose et des dépenses utiles jusqu'à concurrence de la plus-value. Cependant, si la plus-value est tellement exagérée que le vendeur soit dans l'impossibilité de la payer, la disposition de l'article 599 devra être appliquée ; l'acheteur reprendra seulement ce qu'il pourra enlever *sine rei detrimento* ; autrement il pourrait, par des dépenses excessives, se soustraire à la résolution de la vente.

Les dépenses voluptuaires ne donnent droit à aucune indemnité.

Les frais et loyaux coûts du contrat restent à la charge de l'acheteur, s'il les a payés. C'est par suite de sa négligence que la résolution a été prononcée; il est bien juste qu'il en subisse les conséquences. Si le vendeur en a fait l'avance, il en sera indemnisé.

Pour les mêmes motifs et par application de l'article 130 du Code de Procédure, les frais de l'instance en résolution sont supportés par l'acheteur.

Si la vente a été faite *a non domino,* le vendeur peut-il, pour prescrire, joindre à sa possession celle de l'acheteur? Nous avons résolu affirmativement cette question en Droit Romain. Ulpien et Africain considéraient la résolution comme une revente par laquelle le vendeur devenait

l'ayant-cause de l'acheteur. La solution est la même
aujourd'hui, mais pour des raisons différentes que voici :
l'acheteur étant réputé n'avoir jamais été propriétaire, sa
possession se trouve transformée en une simple détention
précaire, comme celle du locataire ou de l'usufruitier ; il
a, pour ainsi dire, possédé pour le compte du vendeur.
Ajoutons que l'effet rétroactif a été attaché à la condition
résolutoire dans l'intérêt du vendeur, pour le mettre à
l'abri des aliénations de l'acheteur, et que par conséquent
il ne peut pas lui être préjudiciable.

§ II.

A l'égard des tiers.

En nous occupant dans le chapitre suivant des conditions de conservation de l'action en résolution, nous exa-
minerons par cela même les effets produits par elle à l'égard
des tiers qui ont traité avec l'acheteur. Nous nous deman-
derons ici quels sont ses effets soit à l'égard des tiers qui
ont traité avec le vendeur, soit à l'égard de ceux qui pourront traiter plus tard avec l'acheteur.

En ce qui concerne les tiers qui ont traité avec le vendeur, pas de difficulté; leurs droits se trouvent rétroactivement confirmés ainsi que le sien.

Quant aux tiers qui traiteront ultérieurement avec
l'acheteur, ils pourraient être trompés si la résolution
n'était pas rendue publique : car, allant consulter le re-

gistre des transcriptions, ils y verraient que l'acheteur est encore propriétaire. Aussi, l'art. 4 de la loi du 23 mars 1855 porte-t-il que tout jugement qui prononce la résolution d'un acte transcrit, ou tout acte judiciaire qui la constate, doit, dans le mois à dater du jour où il a acquis l'autorité de la chose jugée, être mentionné en marge de la transcription de l'acte faite sur le registre. C'est à l'avoué qui a obtenu le jugement qu'incombe l'obligation d'opérer cette mention, sous peine de 100 francs d'amende. Mais là se borne sa responsabilité. Ainsi, en supposant l'absence de la mention (ce qui n'empêchera pas le jugement de produire tous ses effets respectivement aux tiers, vu son effet rétroactif), les tiers, qui auront à se plaindre de la négligence de l'avoué, qui souffriront du défaut de mention, ne pourront pas néanmoins l'actionner en responsabilité. Cela peut paraître contraire à l'esprit général de la loi du 23 mars 1855. Mais, comme le dit fort bien M. Flandin : « les jugements de résolution, « dont il est fait mention dans notre article 4, n'étant pas « translatifs de propriété, le législateur n'avait aucune « mesure à prescrire en dehors du droit commun pour « sauvegarder l'intérêt des tiers, et par conséquent la « mention qu'il a ordonnée, a le caractère d'une disposi- « tion exceptionnelle à laquelle il serait exorbitant de « vouloir ajouter une autre sanction que celle qu'il a lui- « même établie. D'autre part, il y aurait, pour les magis- « trats, une difficulté extrême à reconnaître, s'il est ré- « sulté du défaut de mention, pour celui qui se prétend « lésé, un préjudice réel et quelle est la mesure de ce pré- « judice. »

§ III.

A l'égard de l'enregistrement.

« Le droit proportionnel est établi pour toute transmis-
« sion de propriété de biens meubles et immeubles (1). »
La vente est donc soumise au droit proportionnel. Mais
quid juris, quand elle est résolue pour défaut de paiement du prix? Il semble bien au premier abord que l'enregistrement doit restituer le droit proportionnel qu'il a
perçu, vu que, d'après l'art. 1183, la condition résolutoire remet les choses au même état que si l'obligation
n'avait pas existé. Mais la régie ne se laisse pas fléchir
par ces principes du droit civil : malgré la résolution, elle
garde par devers elle les droits de mutation et de transcription qu'elle a touchés à l'occasion de la vente et elle y
est même autorisée par la loi fiscale citée plus haut qui
dans son article 60 dit que « tout droit d'enregistrement
perçu régulièrement ne pourra être restitué, quels que
soient les événements ultérieurs. » Bien plus, il faut décider, pour que cette disposition ne puisse pas être indi-
rectement violée dans son application, que la régie peut
exiger le paiement dudit droit, s'il n'a pas encore eu lieu
au moment de la résolution.

Mais l'administration percevra-t-elle un nouveau droit

(1) Art. 4 de la loi du 22 frimaire an VII.

7

proportionnel ou un simple droit fixe sur le jugement qui prononce la résolution ? L'art. 68, § 3, n° 7 de la loi du 22 frimaire, an VII, n'appliquait le droit fixe qu'aux seules résolutions de contrat pour nullités radicales, telles que l'erreur, le dol, la violence, l'incapacité des parties et autres semblables. Il en résultait que les résolutions pour défaut d'exécution de la part de l'une des parties, pour défaut de paiement du prix par exemple, donnaient naissance au droit proportionnel, puisque, dit un arrêt de la Cour de Cassation du 13 vendémiaire, an 10 : « la rentrée du vendeur « en sa propriété a lieu non pas à raison de la nullité de la « vente, mais uniquement pour lui tenir lieu du prix qui « lui est dû. » Mais deux ans après la promulgation de la loi organique, la loi du 27 ventôse, an IX, disposait par son article 12 : « que les jugements portant résolution de « contrats de vente par défaut de paiement quelconque « sur le prix de l'acquisition, lorsque l'acquéreur ne sera « point entré en jouissance, ne seront assujettis qu'au « droit fixe d'enregistrement, tel qu'il est réglé par l'arti- « cle 68 de la loi du 22 frimaire, § 3, n° 7 pour les juge- « ments portant résolution de contrats pour cause de nul- « lités radicales. » Ainsi donc, pour qu'il y ait lieu à l'exemp- tion du droit proportionnel, les deux conditions suivan- tes sont indispensables ; il faut : 1° qu'il n'y ait eu aucun paiement fait sur le prix de la vente ; 2° que l'acquéreur ne soit pas entré en jouissance de l'objet vendu (1). On peut donner pour raison de cette disposition que l'admi- nistration de la régie veut prévenir les fraudes : elle

_____

(1) Cour de cassation, 6 décembre, 1820.

craint sans doute que la résolution ne cache une revente ; aussi ne croit-elle à la sincérité de la résolution, que lorsqu'elle intervient avant aucun commencement d'exécution.

Nous pouvons en terminant tirer de la loi du 27 ventôse, an II, un argument contre ceux qui admettent que la résolution amiable produit entre les parties et à l'égard des tiers le même effet qu'un jugement. L'article 12 de cette loi ne parle que de résolution judiciaire, et l'enregistrement perçoit dans tous les cas, et d'une manière absolue, le droit proportionnel, que le contrat ait ou n'ait pas reçu un commencement d'exécution. C'est même en ce sens que la jurisprudence s'est prononcée.

CHAPITRE V.

CAS D'EXTINCTION DE L'ACTION EN RÉSOLUTION.

L'action en résolution s'éteint :

1° Par l'extinction du privilège. Telle est la disposition de l'article 7, de la loi du 23 mars 1855, que nous allons développer.

Sous l'empire du Code Napoléon, le privilège de l'article 2103, § 1, était subordonné à certaines formes de publicité indispensables à sa conservation et les tiers-acquéreurs pouvaient le faire disparaitre en remplissant les formalités de la purge. Au contraire, l'action en résolution n'était soumise à aucune condition de publicité et ne s'éteignait que par la renonciation du vendeur ou par la prescription. Elle était complètement distincte du privilège. Le vendeur pouvait renoncer à ce dernier droit, le perdre par sa négligence : il n'en conservait pas moins son action en résolution. On comprend facilement quels dangers cette clandestinité présentait aux créanciers hypothécaires de l'acheteur ou aux tiers-acquéreurs qui avaient traité avec lui. De bonne heure, les économistes s'aperçurent, que ce systè   était contraire à l'intérêt général, par les embarras qu'i' suscitait dans les affaires. On sentit la nécessité de remédier à cet état de choses. En 1833,

M. Lherbette présenta un projet de réforme, par lequel il
fut décidé, qu'aucune action réelle ne pourrait arrêter l'expropriation pour cause d'utilité publique, ni en empêcher
l'effet (1). Quelques années plus tard, cette réforme fut
introduite dans le Code de Procédure civile. L'article 717,
emprunté à la loi du 2 juin 1841, est ainsi conçu :
« Néanmoins, l'adjudicataire ne pourra être troublé dans
sa propriété par aucune demande en résolution, fondée
sur le défaut de paiement du prix des anciennes aliénations, à moins qu'avant l'adjudication, la demande n'ait
été notifiée au greffe du tribunal où se poursuit la
vente. » Mais cette disposition n'était pas générale : elle
laissait en dehors de son action les reventes volontaires.
Les intérêts des tiers n'étaient donc pas encore complètement sauvegardés. Il y avait là une lacune qu'il était
nécessaire de combler. Aussi la même année, fut-il prin-
cipalement question de l'action résolutoire dans l'enquête
qui fût ouverte par le garde des sceaux, M. Martin (du
Nord), sur les modifications à apporter au régime hypo-
thécaire. De nombreuses observations furent présentées
par les Facultés de droit et les Cours royales. Mais les choses en restèrent là. Ce ne fut qu'en 1849 et 1850, que le
projet fut soumis à la discussion des chambres. M. Pou-
geard demanda le premier que l'action en résolution ne
pût pas être exercée au préjudice des créanciers inscrits.
C'était à peu près en demander la suppression. Ce système,
trop radical, déplut à la commission extrà-parlementaire,
qui crut tout concilier en proposant sur l'initiative du

_____

(1) Loi du 7 juillet 1833, art. 19; loi du 3 mai 1841, art. 18.

gouvernement, de distinguer la résolution tacite de la clause de résolution expresse. Celle-ci seule devait être opposable aux tiers et en même temps, ordre était donné au conservateur des hypothèques d'avoir à la mentionner dans l'inscription d'office.

La commission, nommée au sein de l'assemblée légis-lative, trouva bien impuissant le remède proposé par la commission extrà-parlementaire : Elle pensa que la clause de résolution expresse deviendrait de style et que le but ne serait presque jamais atteint. Aussi, entra-t-elle plus franchement dans la voie des réformes et conclut-elle par son rapporteur, M. de Vatimesnil, à la suppression de l'action au profit des créanciers inscrits ou des acquéreurs de droits réels, pourvu que l'inscription ou la transcrip-tion, faite par ces tiers, fût antérieure à la mention de la demande en résolution en marge de l'inscription du pri-vilége ou de la transcription. Quant au Conseil d'État, il demanda purement et simplement l'adoption du projet de la Commission extrà-parlementaire.

Le sérieux et véritable débat s'engagea entre la com-mission nommée par l'Assemblée et ceux qui voulaient maintenir le droit de résolution en le soumettant à la pu-blicité. La doctrine de ces derniers fut résumée par M. Rouher dans un amendement devenu célèbre : « Je « viens proposer de rendre publique l'action en résolu-« tion du vendeur non payé, ou plutôt de rattacher son « existence et sa viabilité à la viabilité et à l'existence « même du privilége. » La discussion fut vive entre les deux camps. Les premiers examinèrent la question au point de vue de l'intérêt des tiers, de l'intérêt de l'ache-

teur et de l'intérêt du vendeur. Parmi les défenseurs de
cette opinion brillèrent au premier rang MM. Michel de
Bourges, de Valimesnil et Dupont de Bussac.

Voici les raisons qu'ils développèrent. La nécessité de
donner un nouvel essor au crédit public et la faveur qui
est due à la libre circulation des biens réclament la suppression de l'action en résolution; autrement les tiers refuse-
ront de traiter avec l'acheteur, puisqu'ils craindront d'être
évincés par une résolution toujours imminente. Bien plus,
l'action en résolution est un obstacle d'autant plus grand
à la multiplication des transactions, que l'acheteur, malgré les à-comptes qu'il a payés, ne peut faire servir à son
crédit aucune fraction de l'immeuble, son contrat tout
entier pouvant à chaque instant être résolu pour ce qui
reste dû au vendeur. Enfin l'action en résolution n'est
pas d'utilité première pour le vendeur, qui peut toujours
atteindre son but, le paiement du prix, par le privilège
de l'article 2103, § 1. D'ailleurs, l'abrogation de cette action n'a rien d'étrange : elle a été prononcée par les Codes
de Wurtemberg, de la Prusse, de l'Autriche et du Hano-
vre, et la France, elle aussi, a montré les mêmes tendan-
ces par ses réformes de 1833 et 1841.

La thèse contraire fut défendue par des hommes qui,
imbus des saines traditions du droit, voulaient avant
tout le respect des conventions. Ils répondirent que le
danger de l'action en résolution résultait de sa clandestinité, non de son existence, qu'au lieu de la supprimer,
on devait l'approprier aux besoins généraux par des conditions de publicité. On objecte, dirent-ils, que les tiers
seront trompés, que le crédit de l'acheteur est ruiné par

cette menace incessante de résolution. Mais pourquoi les tiers ne se feraient-ils pas représenter les quittances délivrées par les anciens vendeurs, et pourquoi n'établirait-on pas qu'au cas de résolution prononcée, les à-comptes restitués par le vendeur seraient alloués à ceux qui auraient fourni des deniers pour les payer? Le maintien du droit de résolution a même une très-grande importance au point de vue pratique : il produit une économie de temps, et de frais. Ainsi, pour arriver à la résolution de la vente, il suffit d'une sommation, d'une assignation et d'un jugement; tandis que l'exercice du privilége suppose la procédure si longue et si compliquée de la saisie, de l'expropriation sur ordre. Tous ces arguments, et bien d'autres considérations que nous ne pouvons pas développer dans un travail aussi restreint que celui-ci, furent présentées par MM. Valette, Crémieux et Rouher avec tant de netteté et d'éloquence, que le projet de la commission succomba devant l'amendement à 414 voix de majorité contre 255. Malheureusement les événements politiques empêchèrent d'ériger le projet en loi définitive. Ce fut en 1855 seulement que le Corps législatif, éclairé par les discussions antérieures, inséra l'amendement de M. Rouher dans l'article 7 de la loi du 23 mars de cette année :
« L'action résolutoire établie par l'article 1654 du Code
« Napoléon ne peut être exercée après l'extinction du pri-
« vilége du vendeur au préjudice des tiers qui ont acquis
« des droits sur l'immeuble du chef de l'acquéreur et qui
« se sont conformés aux lois pour les conserver. »

Trois conditions sont donc nécessaires pour que l'action en résolution soit éteinte; il faut : 1° que le privilége soit éteint ; 2° que des tiers aient acquis des droits sur l'immeuble du chef de l'acquéreur ; 3° et qu'ils se soient conformés aux lois pour les conserver.

1° De quelque manière que le privilége ait cessé d'exister, soit par une renonciation volontaire, soit par le défaut ou la péremption de l'inscription, il entraîne la perte de l'action en résolution : alors même que le vendeur se serait réservé cette action, tout en faisant remise de son privilége. Remarquons toutefois, que ni le défaut, ni la péremption de l'inscription du privilége ne nuisent à l'existence de l'action, si l'acheteur a fait transcrire le contrat de vente ; car la transcription vaut inscription et n'est pas assujettie à la loi du renouvellement (1). Dans ce cas, le privilége subsistera, et avec lui l'action en résolution, jusqu'au moment où le tiers-acquéreur remplira les formalités et conditions prescrites pour purger (2). Mais si l'acheteur n'a pas fait transcrire, et si la transcription de la revente a eu lieu, le privilége et par suite l'action en résolution seront éteints, si quarante-cinq jours sont expirés depuis l'acte de vente (3). En outre la Cour de Riom, par un arrêt du 7 juin 1859, a décidé que la péremption de l'inscription, réalisée pendant le cours d'une instance en résolution, ne nuit pas à la demande vu que : « la déchéance du privilége ne peut pas entraîner « rétroactivement celle de l'action résolutoire déjà formée « et qui l'a été en temps utile et dans les conditions où « la loi en autorise l'exercice. »

(1) Art. 2108, 2154.
(2) Art. 2180, § 3.
(3) Art. 6, 1. du 23 mars 1855.

2° et 3°. — L'article 7, n'ayant modifié l'exercice de l'action en résolution que vis à vis des tiers qui ont acquis des droits sur l'immeuble et qui les ont conservés, soit par la transcription, soit par une inscription, nous pouvons en conclure que l'action subsiste avec tous ses effets, malgré l'extinction du privilége, contre l'acheteur, ses héritiers et ayants-cause à titre universel, ses créanciers chirographaires chargés de veiller à la conservation du privilége, contre les personnes et leurs ayants-cause à titre universel, et contre les tiers qui ne se sont pas conformés aux lois pour conserver leurs droits.

Aux termes de l'article 448 du Code de Commerce, les droits d'hypothèque et de privilége valablement acquis peuvent être inscrits jusqu'au jour du jugement déclaratif de la faillite. Il en résulte que, si l'inscription n'est prise que postérieurement à ce jugement, elle reste sans effet et le privilége ou l'hypothèque n'est pas opposable aux créanciers du failli. Il en est de même entre les créanciers d'une succession, si l'inscription n'a été faite par l'un d'eux que depuis l'ouverture et dans le cas où la succession n'est acceptée que sous bénéfice d'inventaire (article 2146, C. N.). Si donc nous supposons que le vendeur perd ainsi son privilége, déciderons-nous qu'il est en même temps déchu de son action résolutoire par suite de la solidarité que l'article 7 établit entre ces deux droits? La négative semble fondée au premier abord. L'article 7 n'a été écrit qu'au profit des tiers qui ont acquis des droits réels sur l'immeuble vendu : or, les créanciers de la faillite sont des créanciers simplement chirographaires : ils ne peuvent donc pas invoquer le bénéfice de cette dis-

position. On peut ajouter qu'il serait vraiment trop rigoureux de prononcer la déchéance de l'action résolutoire.
Le plus souvent, le vendeur est surpris par la faillite avant
l'expiration des quarante-cinq jours qui lui sont accor-
dés pour inscrire son privilège : partant l'article 6 de
la loi du 23 mars 1855 qui devrait lui être favorable ne
lui sert nullement Il est donc juste qu'à titre de compensation, il ne soit pas soumis à la disposition rigoureuse de l'article 7 et qu'il conserve son action résolutoire. De plus, la faillite ne purge pas le privilège : elle
met seulement obstacle à l'inscription : « Attendu, dit la
« Cour de Cassation, qu'aux termes de l'art. 2146, Code
« Napoléon et 448, Code de Commerce, l'inscription d'un pri-
« vilége ou d'une hypothèque, prise après un jugement de
« déclaration de faillite, est sans effet entre les créan-
« ciers de la faillite ou relativement à la masse........... ;
« que le privilège n'est plus opposable en tout temps et
« à toutes personnes, mais qu'il n'a pas cessé d'exister ;
« que l'inefficacité de l'inscription, relative, et, en certains
« cas, temporaire, provenant d'ailleurs d'un événement
« que le vendeur n'avait pu prévoir, ne peut être considé-
« rée comme satisfaisant à la première condition exigée
« par l'article 7, de la loi sur la transcription qui exige
« l'extinction du privilège, c'est-à-dire, une annulation
« complète, absolue, ineffaçable ; qu'en employant une
« expression aussi énergique, le législateur a manifesté
« clairement sa volonté de ne pas faire dépendre de la
« suspension des effets de l'inscription, ou d'une nullité
« relative, la conservation ou la perte d'un droit qui est
« la dernière ressource du vendeur non payé. »

Néanmoins, cette opinion ne nous satisfait pas : nous ne pouvons pas croire que le dessaisissement, que le jugement, opéré contre le failli d'après l'art. 443, laisse les créanciers de la faillite simples créanciers chirographaires : « Sans « doute, dit M. Troplong, n° 148, le débiteur reste pro- « priétaire ; sans doute il n'est que dessaisi et non encore « exproprié. Mais, est-ce que la justice ne l'a pas dessaisi « pour que ses créanciers se paient sur cet actif exclu- « sivement affecté à leur droit? Est-ce que, quoique « propriétaire, il peut diminuer le gage que la justice a « mis entre les mains des créanciers et qui doit leur ser- « vir de paiement? Et puisque ces derniers sont saisis « en vertu d'un acte de l'autorité publique, comment « pourraient-ils être dessaisis par des réalisations ulté- « rieures et évidemment tardives, qui ne se font pas « *rebus integris*? Comment, en un mot, nier que les « créanciers, de chirographaires qu'ils étaient aupara- « vant, ont été investis d'un droit réel, qui fait obstacle « à celui de l'acquéreur qui a gardé le silence? »

Bien plus, à quoi servirait d'avoir écrit dans l'art. 490, que les syndics seront tenus de prendre inscription au nom de la masse des créanciers sur les immeubles du failli dont ils connaîtront l'existence, et dans l'art. 517, que l'homologation conservera à chacun d'eux sur lesdits immeubles l'hypothèque ainsi inscrite, si le jugement dé-claratif n'emportait pas hypothèque au profit de la masse des créanciers. Par conséquent, en leur qualité de tiers, ayant acquis des droits sur l'immeuble et s'étant conformés aux lois pour les conserver (art. 490), ils peuvent invoquer le bénéfice de l'art. 7. D'ailleurs cet article n'a-t-il pas

pour objet de rattacher l'existence et la viabilité de l'action
résolutoire à l'existence et à la viabilité du privilége?
Le législateur de 1855 n'a-t-il pas voulu reproduire l'a-
mendement de M. Rouher dont le but a été de solidari-
ser ces deux droits? En un mot, l'action résolutoire ne
doit-elle pas puiser sa publicité dans la publicité du privilége?
Or, dans notre hypothèse, trouvons-nous cet élément vital,
la publicité? Non certainement, puisque le privilége n'a
pas été inscrit. Donc, l'action en résolution ne peut pas
subsister. Il est parfaitement vrai que cette solution est
bien sévère pour le vendeur, qu'elle le place dans une
condition précaire. Mais l'art. 7 e.. formel : il n'a pas été
écrit pour lui; ses intérêts doivent être sacrifiés à ceux
des créanciers de la faillite. On objecte que le privilége
n'a pas cessé d'exister, qu'il n'est pas éteint dans le sens
de l'art. 7. Nous répondons avec M. Flandin : « On ne
« nie pas que l'état de la faillite empêche l'inscription du
« privilége; que ce privilége, par conséquent, *est sans*
« *effet entre les créanciers de la faillite, ou relative-*
« *ment à la masse;* donc l'action résolutoire *ne peut*
« *être exercée*, aux termes de cet art. 7, *au préjudice*
« *de ces mêmes créanciers, qui sont des tiers ayant*
« *acquis des droits sur l'immeuble du chef de l'ac-*
« *quéreur, et qui se sont conformés aux lois pour les*
« *conserver.* Qu'importe que l'extinction du privilége
« due à l'état de faillite ne soit pas absolue; que l'ex-
« ception ne puisse être invoquée *ni par le failli, ni*
« *par les tiers détenteurs, ni par les créanciers pos-*
« *térieurs à la faillite*, si ceux qui l'invoquent ont qua-
« lité pour le faire? Et dès que par rapport à eux, le

« privilége est anéanti faute d'inscription ; il en est de
« même de l'action résolutoire ; qui ne peut subsister
« sans le privilège. »

L'article 7 sera-t-il applicable au droit de poursuivre
la revente sur folle-enchère, qui est, à certains égards, la
résolution pour défaut de paiement du prix ? Deux arrêts
ont consacré la négative :-Besançon, 16 décembre 1857 ;
Bordeaux, 2 avril 1860. Nous partageons ce système ; il
n'est pas possible de raisonner par analogie, comme le font
très-bien ressortir les considérants de l'arrêt de la Cour
de Besançon ; la voie de la folle-enchère ne peut pas être
assimilée à l'action en résolution de l'article 1654, applicable seulement à une vente définitive et au profit du
vendeur.

2° Par l'extinction de la créance, qui peut résulter soit
du paiement, soit de la prescription libératoire accomplie
par trente ans au profit de l'acheteur ou d'un tiers acquéreur qui se serait personnellement obligé, par son contrat, à payer le prix dû au vendeur originaire, soit de la
novation, etc...

3° Par la renonciation expresse ou tacite faite par le
vendeur. Il ne peut y avoir aucun doute en ce qui concerne la renonciation expresse ; car chacun est libre de
renoncer à un droit établi en sa faveur. Il est également
permis d'induire de certains faits la volonté chez le vendeur de renoncer à l'action en résolution. Mais quels sont
les faits d'où l'on peut induire cette renonciation tacite ?

En Droit Romain, le vendeur devait opter entre le
maintien et la résolution du contrat, et en optant pour le

maintien, il renonçait à faire résoudre la vente. Aujour-
d'hui, la même option lui est laissée; les conséquences
seront-elles les mêmes? Non. A Rome, le pacte commissoire se réalisait et la vente était résolue *ipso jure* par la
seule échéance du terme. Aussi, quand, au lieu de réclamer sa chose, le vendeur poursuivait le paiement du
prix, il purgeait par cela même le contrat de tout pacte
commissoire; il rendait à la vente la force et l'existence
qu'elle avait perdues. Dans notre Droit, au contraire, la
résolution n'a pas lieu de plein droit; elle doit être prononcée par un jugement, et le juge peut même accorder
à l'acheteur un délai pour le paiement (1), et par là empêcher la résolution. L'article 1656 oblige même le vendeur à mettre l'acheteur en demeure par une sommation
de payer; par conséquent, cette sommation, loin de nuire
à l'action en résolution, est une condition indispensable
à son exercice. La théorie romaine n'a donc plus de raison d'être aujourd'hui : c'est aux juges que doit être
laissé le soin d'apprécier les circonstances qui suppose-
ront chez le vendeur l'intention de renoncer à la résolution de la vente.

4° Par la prescription : Si l'immeuble est resté entre
les mains de l'acheteur, la prescription s'accomplira par
30 ans.

S'il y a eu revente, le tiers-acquéreur de bonne foi
prescrira par 10 ans entre présents et 20 ans entre
absents. Toutefois, nous devons dire que certains auteurs
ne lui accordent que la prescription de 30 ans, bien qu'il ait

(1) Art. 1184, 1655.

acquis de bonne foi et par juste titre : et cela, parce que la prescription de 10 et 20 ans n'a été établie que pour celui qui possède en vertu d'un titre émané d'un non-propriétaire. La jurisprudence elle-même s'est prononcée en faveur de ce système dans de nombreux arrêts (1). Néanmoins, nous ne saurions admettre cette théorie. Comment veut-on que celui, qui a acquis du véritable propriétaire et qui a besoin de prescrire, soit moins favorable aux yeux de la loi que celui, qui a acquis d'un non-propriétaire : à coup sûr, si l'un des deux mérite une faveur, c'est le premier plutôt que le seond.

Si maintenant nous supposons une vente mobilière, le tiers-acquéreur de bonne foi, pourra, par le seul fait de la livraison, opposer la maxime de l'article 2279 : « en fait de meubles, possession vaut titre. » Remarquons cependant que cette prescription instantanée ne s'applique ni aux meubles incorporels ni aux universalités de meubles, qui restent soumis à la prescription ordinaire de 30 ans.

_____

(1) Paris, 4 décembre 1826. — Paris, 4 mars 1835. —Montpellier. 29 mai 1827. — Agen, 28 août 1841.

POSITIONS.

DROIT ROMAIN.

I. La *lex commissoria* peut être envisagée par les parties comme une condition suspensive de la vente.

II. Avant Justinien, il était généralement admis que le vendeur, usant du pacte commissoire, ne pouvait réclamer sa chose qu'au moyen d'une action personnelle.

III. Celui qui vend *sub lege commissoria* un fonds dont il n'est pas propriétaire, et qui, n'étant pas payé au terme fixé, use du pacte commissoire, peut, pour compléter l'usucapion, joindre sa possession à celle de l'acheteur. L. 13, § 2, D. 41, 2. — L. 19, D. 41, 3. — L. 6, § 1, D. 44, 3.

IV. La *lex commissoria* réalisée n'a pas d'effet rétroactif. L. 4, § 3, D. 18, 2. — L. 3, D. 20, 6.

8

V. L'acheteur doit restituer les fruits qu'il a perçus *pendente conditione*. L. 4, § 4, D. 18, 2. L. 5, D. 18, 3.

VI. L'acheteur n'est pas obligé de consigner le prix pour éviter la résolution. L. 8, D, 18, 3.

VII. Avant le rescrit d'Antonin-le-Pieux, le pupille, qui contractait une obligation *sine tutoris auctoritate*, n'était même pas obligé naturellement. L. 41, D. 12, 6.

VIII. La *litis contestatio* n'opère pas novation.

DROIT COUTUMIER.

I. La communauté entre époux est une conséquence de la mainbournie.

II. La puissance maritale est une institution dérivée du *mundium* germanique.

III. La saisine est collective.

DROIT FRANÇAIS.

I. Le juge a la faculté d'accorder des délais à l'acheteur dans les ventes mobilières comme dans les ventes immobilières.

II. Dans le cas de l'article 1656, l'acheteur peut éviter la résolution en payant après la sommation.

III. L'acceptation sans réserves de billets en paiement du prix de vente n'éteint pas l'action en résolution.

IV. Le défaut de paiement des frais d'actes, dont le vendeur a fait l'avance, ne donne pas lieu à l'action en résolution.

V. Le droit de revendication, dont parle l'art. 2102, § 4, ne se confond pas avec le droit de résolution : c'est la revendication du droit de rétention.

VI. La résolution amiable de la vente ne produit pas le même effet que la résolution prononcée en justice.

VII. La femme commune, exerçant ses reprises contre la communauté, est créancière pure et simple.

VIII. L'enfant, renonçant à la succession, ne compte pas pour le calcul de la réserve.

PROCÉDURE CIVILE.

I. L'action en résolution est une action mixte.

II. La réintégrande, pour être exercée, n'exige pas, comme la complainte, la possession d'an et jour.

III. Le défendeur étranger ne peut pas demander la caution *judicatum solvi* du demandeur étranger.

DROIT CRIMINEL.

I. L'avocat peut lire aux jurés le texte de la loi pénale et baser sur la gravité de la peine la demande des circonstances atténuantes, en se rattachant aux circonstances spéciales du fait.

II. L'inculpé acquitté par le jury ne peut pas être poursuivi à raison du même fait, qualifié d'une autre manière devant la juridiction correctionnelle.

III. Le jugement de condamnation, rendu contre un Français par un tribunal étranger dans le cas qui fait l'objet des dispositions de l'article 5 du Code d'Instruction criminelle, pourrait-il être invoqué contre lui devant les tribunaux français, pour établir l'état de récidive ou pour exclure le bénéfice de la réhabilitation dans le cas de l'article 634 du Code d'Instruction criminelle? Non.

IV. Ce jugement frapperait-il le condamné d'incapacité pour être témoin, par application de l'article 34 du Code Pénal, et pourrait-il fournir un reproche en vertu de l'article 283 du Code de Procédure civile? Non.

DROIT COMMERCIAL.

I. Le vendeur, dont le privilège n'a pas été inscrit avant le jugement déclaratif de la faillite, ne peut opposer son droit de résolution aux créanciers chirographaires du failli.

II. Après acceptation d'une lettre de change, le créancier du tiré, c'est le papier.

III. En cas de faillite du tiré, la provision appartient au porteur de la lettre de change.

DROIT ADMINISTRATIF.

I. Le ministre est le tribunal administratif ordinaire.

II. Le lit des rivières non navigables ou flottables appartient aux propriétaires riverains.

III. L'article 6 de la loi du 23 mars 1855 n'a pas abrogé l'article 17 de la loi du 3 mai 1841.

Vu par le Président de la Thèse,
V. MOLINIER.

Vu, pour le Doyen empêché,
le professeur délégué,
A. RODIÈRE.

Vu et permis d'imprimer :
Le Recteur,
ROUSTAN.

DIVISIONS

————

DROIT ROMAIN.

De lege commissoria.

1. Elle a été apposée à la vente comme condition suspensive.

2. Elle a été apposée à la vente comme condition résolutoire.

§ 1. Ses effets entre les parties.

§ 2. Ses effets à l'égard des tiers.

CHAPITRE V. — Cas d'extinction de la *lex commissoria*.

———

DE L'ACTION EN RÉSOLUTION DANS L'ANCIEN DROIT.

———

DROIT FRANÇAIS.

De l'action en résolution de la vente pour défaut de paiement du prix.

CARACTÈRES GÉNÉRAUX.

———

CHAPITRE I. — Comment se réalise l'action en resolution.

CHAPITRE II. — Par qui et contre qui peut être intentée l'action en résolution ?

CHAPITRE III. — Dans quelles ventes l'action en résolution peut-elle avoir lieu ?

DE LA VENTE DES MEUBLES EN MATIÈRE CIVILE.

DE LA VENTE DES MEUBLES EN MATIÈRE COMMERCIALE.

DE LA VENTE DES IMMEUBLES.

NATURE DE L'ACTION EN RÉSOLUTION. — COMPÉTENCE. —
JUGEMENT.

Positions.

Toulouse. — Imprimerie de Rives et Faget, rue Triplère, 9.